Coordenação Editorial: Mari Coelho
Produção de Texto e Editorial: Palavras dos Céus
Revisão: Elza Caldeira e Mônica Makawetskas
Capa: Rick Allan
Foto de Capa: Thiago Bruno
Diagramação: Daniela Mota

Palavras dos céus

"É natural ser BOM no seu DOM." - Mari Coelho
@falamaismari // www.maricoelho.com

Dados Internacionais de Catalogação na Publicação (CIP)
(eDOC BRASIL, São Paulo / SP)

Coelho, Mari.

Como transformar seu conhecimento em dinheiro :
o método para lucrar com sua história / Mari Coelho.
-- Barueri, SP : Palavras dos Céus, 2024.

266 p.: 16x23 cm
ISBN 978-65-85518-57-4

1. Conhecimento 2. Dinheiro - Administração
3. Educação financeira 4. Finanças - Administração
5. Finanças pessoais - Planejamento I. Título.
24-230995 CDD-332.678

Índices para catálogo sistemático:
1. Dinheiro : Administração : Economia 332.678
Eliane de Freitas Leite Bibliotecária CRB 8/8415

Mari Coelho

– Como transformar seu conhecimento em – Dinheiro

O método para lucrar com sua história

Sumário

PREFÁCIO — 09

INTRODUÇÃO — 13

CAPÍTULO 1 - Você é único — 17

CAPÍTULO 2 - O valor do conhecimento — 25

- O seu conhecimento só tem valor para quem precisa dele 31

CAPÍTULO 3 - A importância do ambiente — 37

CAPÍTULO 4 - Primeiro faz o que dá dinheiro, depois faz o que gosta — 49

- Como encurtar o caminho 56
- A diferença entre O QUE e COMO 60
- Mude seu O QUE, mas não se desvie do seu COMO 62

CAPÍTULO 5 - O método — 69

- O que é um método? 75
- Como fazer um método? 76
  - Destino 78
  - Caminho 79
  - Rota 82
- Como definir um destino? 86
- Como definir o caminho? 92
- Como definir sua rota? 99
  - Rota aplicada 100
- Aplicação do método 111
- Como valorizar o método 116

CAPÍTULO 6 - Como escolher o melhor produto — 127

- A escolha de um produto 129
- Relação de custo e benefício 132
- Qual o melhor produto? 138

CAPÍTULO 7 - Degustação — 149

- Degustação na prática 156
  - Degustação gratuita ou paga? 160
- Esforço x Resultado 163

CAPÍTULO 8 - Precificação — 169

- Nós vivemos sob o céu 171
- Ninguém quer perder tempo 174
- Pilares da precificação 177
  - Roda A.E.I.O.U do produto 177
- Precificação - resultado da técnica 186
- Precificação prática 189

CAPÍTULO 9 - Posicionamento — 195

- O seu posicionamento no mundo 197
- Coerência 199

CAPÍTULO 10 - Vendas — 205

- Pessoas desesperadas não vendem 210
- Pessoas frustradas não compram 213

CAPÍTULO 11 - Enquanto você olhar para os lados, não vai conseguir andar para frente — 219

- Você é o seu maior adversário 221
- Não existe concorrência 224
- Ouse ser você 228

CAPÍTULO 12 - Aprenda a sonhar — 237

- Não desista dos seus sonhos 239
- Comece com o que tem 242
- Não tenha medo 244
- Permita-se imaginar 246
- Seu propósito não está na sua profissão 248

Prefácio

por JOEL JOTA

Conheço a Mari há alguns anos, e desde a primeira vez em que tive contato com ela, percebi que sua vocação era extrair o melhor das pessoas. **Este livro é exatamente sobre isso.**

A Mari consegue comprovar, através de dados, metodologias (onde é a força maior dela), mas acima de tudo, por experiência, prática e reflexões que cada ser humano carrega consigo uma habilidade indissociável, indivisível e individual. A Mari mostra que cada pessoa do planeta Terra é capaz de transformar outra pessoa, ou até mesmo um grupo de pessoas, por meio do seu conhecimento.

Este livro carrega esperança, visão, metodologia, sistematização. Mostra que todas as pessoas são capazes de transformar seu conhecimento em dinheiro, trabalho, missão e, acima de tudo, em transformação.

Eu já fiz vários projetos com a Mari e todos eles foram únicos. A capacidade que a Mari tem de extrair a essência de cada pessoa também é única. Ela enxerga brechas e percebe coisas que outros não conseguem ver.

Eu acredito que perceber nuances e revelar o melhor de cada ser humano é a maior vocação que a Mari tem.

Observadora nata, intuitiva como premissa e prática como trabalho, a Mari consegue não só extrair o melhor das pessoas, mas faz isso de forma rápida e objetiva, na medida certa e no volume certo.

Prefaciar este livro é um grande prazer, porque minha relação com a Mari é sinérgica pela questão do professorado. Temos como missão de vida o ensino. E, como todo professor, antes de ensinar, ele está comprometido a aprender.

É por esse motivo que a Mari está sempre com o radar ligado, aprendendo continuamente para assim gerar ensinamentos cada vez mais requintados e refinados.

Este é um livro em que você está no centro.

É uma obra feita para você. Ao ler, você perceberá que cada palavra foi pensada e orientada para te guiar. Vai sentir que conhece a Mari há muito tempo e não se surpreenda se, ao final, você perceber que este era o passo que faltava para você seguir em frente.

Este livro não apenas te mostrará o caminho, mas também te ajudará a criar o seu. E acima de tudo, você descobrirá que as respostas que precisa, já existem dentro de você. A metodologia proposta pela Mari e por este livro vão te guiar para extrair o seu melhor.

Aproveite a jornada, e que o mundo conheça sua história através do seu conhecimento, experiência e missão.

Um grande abraço, *Joel Jota*

Introdução

Introdução

Dentro de você existe uma infinidade de informações que, quando aplicadas a um método, permitem que você ganhe dinheiro com a sua história. É exatamente dessa maneira que este livro vai te mostrar **COMO TRANSFORMAR O SEU CONHECIMENTO EM DINHEIRO.**

O conhecimento de vida que você possui, somado a seus erros e acertos, formam um conjunto significativo de informações que podem mudar a vida de outras pessoas. E para transformar quem você é em algo valioso para o mundo, não é necessário nenhum novo curso ou diploma. Basta criar o seu método.

A questão é que na hora de organizar o que você sabe surgem dúvidas como: Por onde começar? O que colocar? Será que as pessoas vão se interessar por isso? Será que eu tenho conteúdo suficiente?

O sentimento de dúvida e a falta de clareza são comuns. Eu mesma, até pouco tempo atrás, não tinha essa consciência. Por esse motivo, não era devidamente recompensada pelo meu conhecimento. Com o tempo, compreendi que descobrir minhas habilidades e atuar de acordo com elas foi o que me possibilitou ter grandes resultados. O caminho para isso: criar meu método.

Muito prazer! Eu sou a Mari Coelho, educadora que lecionou por quase duas décadas em sala de aula. Sou formada em Matemática, Pedagogia e Psicopedagogia e nas horas vagas escrevo poesias. Mãe, esposa, empresária, educadora e escritora, sou alguém profundamente apaixonada por pessoas. Ao longo de minha vida, desenvolvi técnicas para transferir o conhecimento e pude constatar que existe algo único e essencial em cada pessoa. Não importa de viemos, ou quem somos, o que posso garantir é que existe algo valioso dentro de cada um de nós.

Todo mundo é muito bom em alguma coisa.

A questão é que os dons que temos são coisas que não "necessariamente" precisamos estudar para possuir, e isso dificulta sua identificação. Porém, um dom escondido não tem valor, e quanto mais você o expõe ao mundo, maior recompensa ele te trará.

O objetivo deste livro é te dar clareza e direcionamento para transformar o seu conhecimento em dinheiro.

Seu conhecimento é uma combinação única de herança genética, experiência de vida e prática contínua. As habilidades inatas que aprimorou ao longo do tempo, moldadas tanto pela sua natureza quanto pelas oportunidades que vivenciou formam quem você é: uma matéria-prima valiosa e única. E é com essas informações que vamos criar o seu método para **transformar seu conhecimento em dinheiro.**

O que você vai aprender pode desafiar muitas de suas crenças e paradigmas, mas saiba que tudo o que vai aprender neste livro foi testado, validado e aprovado. Deixe qualquer resistência de lado e esteja com a mente aberta.

O que é fácil para você tem valor para o mundo. Você só precisa de um método para fazer isso acontecer.

Boa leitura! A transformação começou.

Único é
ocê é Ú
Único Vo
Você é Ú

Capítulo 1

VOCÊ É ÚNICO

Já parou para pensar que você é absolutamente único?

Com suas características, jeito, história e pensamentos... Não existe outra pessoa igual a você. Assim como cada um de nós tem uma cor de cabelo, um formato de rosto e altura, nossos dons e talentos também são exclusivamente nossos.

No entanto, assim como nossas características físicas nos parecem normais, o mesmo acontece com nossos talentos. Eles podem parecer tão naturais que, às vezes, não os valorizamos.

Você já deve ter passado por situações em que alguém pediu sua ajuda ou orientação, e sua resposta, embora simples, fez toda a diferença na vida dessa pessoa. Por dentro, até se questionou como algo tão simples pôde ter causado um impacto tão grande. Talvez já tenha se destacado em várias situações e provavelmente até ganhou prêmios, só que aquilo foi tão normal que muitas vezes você nem se lembra.

Eu, por exemplo, com seis anos, ganhei um concurso de pintura na escola; com nove, tive poesias publicadas e no Ensino Médio, consegui resolver um desafio de programação proposto pelo professor de informática que ninguém resolvia há anos.

Por mais impressionante que aquilo fosse, **eu não conseguia enxergar meu valor, e para "contribuir", a cada conquista, sempre surgia algo que colocava em prova minhas habilidades.** No Ensino Médio, fui acusada de fraude, quando ganhei o concurso de pintura, disseram que minha mãe tinha feito em meu lugar. Já o concurso de poesias, falaram que só ganhei porque a professora me indicou.

Hoje entendo que, embora todas essas acusações fossem falsas, **contribuíram para que eu deixasse de enxergar meu próprio valor.** O problema disso é que, ao duvidar, deixamos de compartilhar com o mundo os dons e talentos que são exclusivamente nossos.

Estou te contando tudo isso porque levei muito tempo para reconhecer e valorizar o que tenho de especial, como se precisasse de algo extraordinário para isso. A questão é que **aquilo em que somos bons nunca vai ser extraordinário para nós.**

Você faz certas coisas com tanta facilidade que nem percebe o valor que isso tem, e por esse motivo corre o risco de deixar seus talentos inexplorados e sem colher os resultados devidos.

Pense que você é como um diamante: se estiver no lugar errado, seu valor não muda, mas ninguém saberá o quão valioso você é.

Quanto vale um anel de diamantes no dedo de uma mulher apaixonada e quanto ele vale perdido na rua? O valor do diamante não muda, mas a falta de visibilidade impede que as pessoas saibam da sua existência e descubram seu valor.

A mesma coisa acontece com você. Para **TRANSFORMAR SEU CONHECIMENTO EM DINHEIRO,** você precisa entender que o que sabe vale muito. Mas, se guardar para si, pode correr o risco de nunca conseguir identificar com clareza seu valor.

Por isso, coloque seu talento e suas habilidades no mundo, pois elas são um presente, uma dádiva divina que você precisa usar para fazer a sua parte aqui na Terra. Tenha **CORAGEM***, pois não é à toa que você possui certas habilidades.

A palavra coragem vem do latim, 'CORACTIUM**', que é a mistura de '**COR**', que significa '**CORAÇÃO**' e '**ACTIUM**' que quer dizer '**AGIR SOBRE**'. Logo coragem significa '**FAZER AGIR O QUE ESTÁ NO CORAÇÃO**'. Por isso que você se inspira em pessoas que tiveram coragem de realizar algo que você tem vontade. É essa coragem que te inspira a realizar sonhos, por mais únicos que sejam.*

você é como
um diamante
se estiver no
lugar errado,
seu valor
não muda,
mas ninguém
saberá o quão
valioso
você é.

“Aquilo que somos bons nunca vai ser extraordinário para nós.

Mari Coelho - @falamaismari

Capítulo 2

O VALOR DO CONHECIMENTO

Já ouviu aquela história de que as pessoas são substituíveis?

As profissões podem ser substituídas, os cargos podem ser ocupados por outros, mas **as pessoas, essas são insubstituíveis.** E isso acontece por causa do nosso DNA.

Cada um de nós é um conjunto de informações único, raro e insubstituível.

O primeiro passo para **transformar o seu conhecimento em dinheiro é enxergar que o seu conhecimento vale muito.** Um bom exemplo disso é o Google. Ele é uma ferramenta incrível que podemos utilizar para várias coisas, mas sem perguntar, ele não vai ajudar em nada, pois não recebeu um direcionamento.

Só que da mesma maneira que para pesquisar algo no Google você precisa perguntar, para conseguir extrair o seu conhecimento de dentro de você, é preciso dar um norte, uma direção, um método. E é isso que vamos fazer aqui.

Atualmente o Google está avaliado em aproximadamente um trilhão de reais (R$1.000.000.000.000,00), e se você é como o Google, você vale no mínimo isso. Eu acredito que você vale muito mais.

Para você ter uma ideia do poder que carrega, imagine que dentro de cada um de nós existem informações suficientes para fazer mais de 8.500 livros. Incrível, não é?

Nós possuímos 23 pares de cromossomos. Em cada cromossomo há 5 bilhões de *nucleotídeos* que são formados por quatro bases: adenina, guanina, citosina e timina. Multiplicando essas quatro bases pelos 5 bilhões de nucleotídeos, obtemos 20 bilhões de *bits*. Se você não sabe, bits são unidades de informação, representadas por 0 e 1, muito utilizadas em programação. Qualquer letra ou palavra pode ser codificada em *bits*, e uma letra de qualquer alfabeto pode ser representada por 6 *bits*. Assim, se dividirmos 20 bilhões por 6 *bits*, chegamos a aproximadamente 3 bilhões de letras em um único cromossomo.

Considerando que, em média, uma palavra tem 6 letras, podemos dividir esses 3 bilhões de letras por 6, resultando em cerca de 500 milhões de palavras. Agora, se compararmos isso com um livro, que tem, em média, 300 palavras por página, dividindo

500 milhões de palavras por 300, chegamos a aproximadamente 1.666.667 páginas de livros.

Se usarmos como referência um livro de 200 páginas, cada cromossomo contém o suficiente para fazer aproximadamente 8.500 livros. Agora, imagine o que isso representa em todos os 23 pares de cromossomos que possuímos!

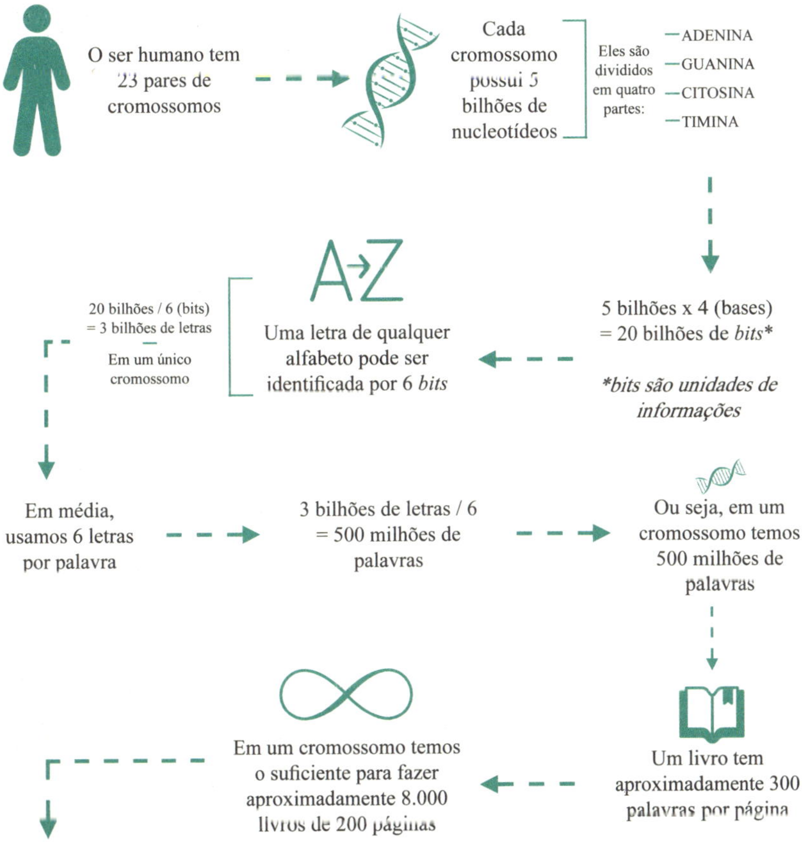

ESSE CONTEÚDO FOI FEITO COM BASE EM UM VÍDEO DO DOUTOR ENÉAS, QUE PODE SER VISTO PELO QRCODE AO LADO

Nós já nascemos com essa vasta biblioteca interna. O *HeartMath Institute Research Center* mostra em suas pesquisas que o coração humano é mais do que uma bomba eficiente que sustenta a vida; ele é também um ponto de acesso a uma fonte de sabedoria e inteligência.

Se o coração é o primeiro órgão a se formar, isso significa que você já nasce com uma herança de DNA rica em conhecimento.

E é por isso que **existe uma intuição que nos guia para os caminhos nos quais temos mais facilidade.** Por exemplo, eu costumava achar que era boa em tudo, mas, na verdade, **eu só escolhia fazer coisas que eram naturalmente fáceis para mim.** Funciona da seguinte maneira: quando algo é difícil para você, sua intuição tende a desviar sua atenção daquilo, enquanto o que é fácil recebe mais foco e direcionamento. É por isso que tendemos a nos dedicar ao que fazemos com mais facilidade.

A questão é: se existe tanto conhecimento e valor dentro de nós, por que não exploramos esse potencial?

O seu conhecimento só tem valor para quem precisa dele

Talvez você esteja se perguntando por que é tão difícil enxergar o potencial interior. Permita-me te explicar o motivo. Mas, primeiro, preciso que você entenda a diferença entre **VER** e **ENXERGAR.**

Para **VER**, você precisa apenas olhar; é algo superficial, que não precisa de muita atenção. Mas para **ENXERGAR** é necessário compreender em profundidade o que se está olhando. Acontece que o seu potencial não é algo que simplesmente se vê — identificá-lo exige um entendimento mais profundo. O motivo pelo qual você não enxerga seu potencial é que ele parece tão simples e fácil para você que passa despercebido.

Anteriormente, citei que provavelmente você tenha passado por situações em que lhe pediram orientação, e com uma simples resposta você transformou a vida do outro. Imagino que algumas vezes chegou até a subestimar esse alguém pelo fato de algo tão simples PARA VOCÊ ter feito toda a diferença PARA ELE. A questão é que:

O que é simples para você pode mudar a vida de alguém.

Só que há um ponto crucial: **O SEU CONHECIMENTO SÓ TEM VALOR PARA AQUELES QUE REALMENTE PRECISAM DELE.** Se você estiver compartilhando suas habilidades com as pessoas erradas, pode acabar acreditando que o seu conhecimento não vale nada.

Você já assistiu a um filme ou leu um livro que adorou, mas ao compartilhar com um conhecido, ele não gostou? Ou vice-versa? Isso acontece porque gostamos do conteúdo quando estamos precisando dele, de acordo com nosso momento de vida. No entanto, se você ler o mesmo livro duas vezes, vai assimilar coisas diferentes. Primeiro, porque não consegue absorver tudo na primeira leitura; segundo, porque estará em um novo momento da sua vida. Acredito plenamente que não existe conteúdo bom ou ruim, mas sim conteúdo mal direcionado. Por isso, para transformar o seu conhecimento em dinheiro, você precisa mais do que saber o seu valor; você precisa entender como direcioná-lo da maneira correta e para as pessoas certas.

Você pode receber R$ 100,00, R$ 1.000,00 ou R$ 10.000,00 para fazer a mesma coisa, só que de um jeito diferente e para pessoas diferentes.

O motivo pelo
qual você
não enxerga
seu potencial
é que ele
parece tão
simples e fáci
para você
que passa
despercebido.

"Quando você está no lugar errado, com as pessoas erradas, seu resultado vai dar errado.

Mari Coelho - @falamaismari

Capítulo 3

A IMPORTÂNCIA DO AMBIENTE

Para oferecer seu conhecimento para as pessoas certas, você precisa estar no ambiente certo.

Quando você está no lugar errado, com as pessoas erradas, seu resultado vai dar errado.

Certo dia, estava navegando pela internet e vi a seguinte *headline:* **Artista de 2 anos vende obras milionárias.** Curiosa, fui ler a matéria, que retratava a história de uma criança de 2 anos de idade que se expressava por meio da pintura. Os pais dessa criança postavam as obras na internet, o que permitiu um especialista na área ter conhecimento do caso. O profissional, encantado com o talento do pequeno menino, conectou-o na maior feira de arte de Munique, a ArtMuc. Isso fez a criança ter uma de suas obras vendidas pelo valor equivalente a 1,6 milhão de reais.

O ambiente certo traz resultado.

Na sala de sua casa, o pequeno artista não seria visto, com isso suas obras não teriam o mesmo valor. Mas no ambiente certo elas foram valorizadas. **O AMBIENTE IMPORTA.** Se você está em um lugar onde as pessoas não valorizam o seu talento, vai acreditar que seu conhecimento não tem valor. Apesar de o seu valor não mudar, o ambiente interfere na percepção que as pessoas têm de você.

ACESSE A MATÉRIA NO QRCODE AO LADO:

Basta voltarmos ao exemplo do anel de diamantes. O valor dele não muda, mas ele é mais valorizado no dedo da noiva do que perdido em algum lugar. A percepção do valor muda de acordo com o local e a necessidade que as pessoas têm daquilo que você sabe.

> O valor de cada um não muda, mas seu dom tem mais valor para quem precisa dele.

Deixe-me compartilhar uma breve história que ilustra o poder de estar no ambiente certo. Dei aula por dezesseis anos em escolas públicas e privadas. Em 2019, atuando somente no setor privado, decidi mudar de área. Hoje entendo que o que me motivou foi o fato de me sentir limitada no ambiente em que estava. **O ambiente errado faz isso — ele nos limita por todos os lados.**

Você já sentiu que pode fazer mais, que tem a capacidade de fazer diferente e melhor? Isso acontece quando você não consegue expressar plenamente seus dons e talentos; é como se o espaço ao seu redor se tornasse pequeno demais para sua grandiosidade. Mesmo que ainda não reconheça isso, você começa a se sentir incomodado — você pode não saber exatamente o que quer, mas sabe que não quer mais ficar ali. Enxergar isso faz toda a diferença, porque **entender o que não quer é um passo importante.**

Quando tomei a decisão de mudar de área, apesar de ainda não ter clareza do que iria fazer, sabia que não queria mais aquela realidade que vivia. Quando comecei a buscar por novos caminhos, iniciei por lugares e ambientes que permitissem expressar o meu potencial. Eu não sabia onde procurar, mas comecei a explorar, e em um desses lugares tive a oportunidade de conhecer aquele que seria meu primeiro cliente, do meu novo e atual negócio.

Esse novo e atual negócio é do setor educacional e editorial, uma empresa que transforma o conhecimento das pessoas em produtos (livros, apostilas, métodos, treinamentos etc.) e que começou com uma simples conversa:

Estava em um evento de desenvolvimento pessoal, quando o mentor e dono do evento me perguntou: **"Mari, o que você faz bem?".** Comecei a contar nos dedos as coisas que sabia fazer: ensinar, falar, escrever, pintar, conversar... Então ele refez a pergunta: **"Mari, o que você faz bem, que faz bem desde criança?".**

Naquele momento, me lembrei do concurso de poesias e apesar de escrever desde criança, em algum momento da minha vida simplesmente me esqueci disso. Mesmo assim, respondi: **"Sou muito boa em escrever".** Aquilo foi bem engraçado porque, como citei antes, era professora de matemática e eu tinha acabado de me apresentar dessa maneira. Apesar de ele ter achado bem esquisita a minha resposta, pediu para ver algum texto que eu já tinha feito, avaliou e, na sequência, disse: **"Você vai escrever para mim!".**

Ele me explicou como era o trabalho. Percebi que conseguiria executar, mas, como estava em busca de uma nova "área", imediatamente perguntei:

— Qual o nome desse trabalho?

— *Ghostwriter* — ele respondeu.

— Eu não vou ser isso! — Afirmei.

Ele ficou um pouco confuso, sem entender. Então, perguntei:

— Qual a tradução livre?

— *Escritor fantasma* — disse ele.

— Você conhece algum?

Ele balançou a cabeça negativamente.

— Então, eu não vou ser a primeira. Mas depois eu me preocupo com isso — respondi.

Eu não sabia exatamente o que queria, mas sabia que não queria ser um "escritor fantasma", eu queria ser reconhecida pelo meu trabalho, e alguém que em tese "não existe", não tem como ser. Mas, deixando um problema para resolver por vez, aceitei a proposta, segui as orientações e iniciei o trabalho.

Engraçado que a minha intuição me fez lembrar imediatamente das poesias. Era como se, com aquela pergunta, um caminho neural tivesse sido desenhado para acessar o meu talento natural.

Durante o processo percebi que, apesar das instruções, algumas coisas poderiam ser feitas de maneira diferente e agilizariam a execução do trabalho. Levei sete dias para finalizar o livro, o que deixou meu cliente surpreso, pois era algo que levavam, geralmente, cerca de três a quatro meses para finalizar. E esse foi o início de um grande negócio...

A minha habilidade em escrever, no ambiente certo e para a pessoa certa, transformou o meu conhecimento em valor.

Apesar de tudo, eu não conseguia enxergar todo esse potencial; tinha a sensação de que "escrevia livros" a vida toda, **mas nunca tinha sido elogiada, nem valorizada por isso.** Porque aquilo que estava fazendo era "similar" a muitas coisas que fazia enquanto professora.

Levou um tempo até entender que o problema não era eu ter "feito livros" a vida toda, mas estar no lugar em que não precisavam daquilo. Quando você acessa lugares e pessoas que precisam do que você carrega, você tem mais valor. O problema é que se você fica muito tempo no lugar errado, terá dificuldade em enxergar o poder que tem.

Após isso, avancei processos, melhorei cada vez mais os serviços, adicionei etapas, criei técnicas, estudei o mercado para ter hoje o meu negócio. Tudo isso só foi possível porque encontrei a pessoa certa e pude direcionar o meu talento para quem de fato precisava dele.

Quando você direciona o seu talento para quem precisa, o seu conhecimento começa a valer mais.

Quando você direciona o seu talento para quem precisa, o seu conhecimento começa a valer mais. Mude o ambiente.

"Quando você fica
muito tempo sendo
desvalorizado, você tem
dificuldade de enxergar
o seu valor.

Mari Coelho - @falamaismari

dinheiro
que
depois

Capítulo 4

PRIMEIRO FAZ O QUE DÁ DINHEIRO, DEPOIS FAZ O QUE GOSTA

dinheiro
que
depois

Um dos momentos mais marcantes na vida de um adolescente é quando ele precisa decidir qual profissão vai seguir ou quem quer ser quando crescer.

Ele sente como se aquela escolha fosse definir o resto de sua vida. Comigo não foi muito diferente. Quando chegou o meu momento, busquei opções nas áreas em que eu tinha talento: escrita, comunicação, marketing, moda... Ao compartilhar com meus pais, ouvi a clássica frase: **"PRIMEIRO, VOCÊ FAZ O QUE DÁ DINHEIRO, DEPOIS VOCÊ FAZ O QUE GOSTA."**

Tenho certeza de que muitos já ouviram essa frase. Na época, o setor de engenharia estava no auge e pela minha facilidade com números pensei em ser engenheira! Minha mãe, professora, me disse: "Filha, tem tanto engenheiro dando aula... Por que você não faz matemática? É a mesma coisa".

E foi assim que uma poetisa iniciou a faculdade de matemática.

Naquele momento, não sonhava em ser professora; queria apenas ganhar dinheiro para sair de casa, me sustentar, e então poder fazer o que "gostava". Porém, já que tinha tomado aquela decisão, daria o meu melhor. Na prática, não é tão simples, e querer apenas não é o suficiente, **PORQUE NA "FACULDADE DE PROFESSOR" NÃO TE ENSINAM A "DAR AULA"**, então precisei me aprimorar e aprender rápido. Em sala de aula, se você erra um dia, você perde o ano todo. E foram esses desafios que me ajudaram a crescer.

Sempre buscava alternativas e coisas que podia fazer para entregar o melhor para aquelas pessoas. Entendi que, quanto mais eu fizesse, menos trabalho eu tinha. Eu podia criticar os pais, o sistema, o governo, a escola, os professores, os alunos, mas tudo aquilo estava fora do meu controle.

> Eu fazia o que eu podia controlar e buscava sempre deixar no aluno algo que ele pudesse levar para a vida.

O meu ensino era muito lúdico, com o intuito de "abrir" a cabeça dos alunos e colocar a informação ali dentro. Não admitia alguém passar por mim e não aprender. Sempre acreditei que só não sabemos aquilo que nunca nos foi ensinado e, com amor, qualquer conteúdo pode ser compreendido.

Para me aprimorar, cursei pedagogia, e mesmo assim sentia que precisava de mais conhecimento. Foi então que fiz pós-graduação em psicopedagogia, e **só depois de concluir essas três faculdades entendi que tudo o que eu fazia muito bem não aprendi em nenhuma delas.**

O meu maior talento eu não aprendi em nenhuma das três faculdades que cursei.

Eu demorei quase dezesseis anos de carreira para entender no que eu era boa; sinto como se estivesse cega por anos da minha vida, achando que eu não gostava ou que não era boa em ensinar. **Fiquei tanto tempo separando o que dava dinheiro do que eu gostava que não entendia como os dois poderiam estar no mesmo lugar.**

Quando decidi mudar de área, utilizei a habilidade de ensinar para transformar o conhecimento das pessoas em produtos. Enquanto na escola eu "abria" a cabeça do aluno para colocar o conteúdo ali "dentro", agora eu "abro" a cabeça do cliente para "tirar" de lá o seu conhecimento.

Devido aos resultados significativos em um novo segmento sobre o qual eu nunca havia estudado, entendi que eu só fazia livros muito bem porque ensinei a vida toda, e um livro nada mais é do que a transferência do conhecimento. E com isso aprendi que:

O que vale não é o que você sabe fazer, mas o que faz com aquilo que sabe fazer.

As pessoas não pagariam para aprender como ensinar, mas pagariam para ajudá-las a transformar seus conhecimentos em produtos. Eu inverti a seta.

É necessário entender como os seus dons podem ser valiosos para o outro e assim direcionar o que você sabe para resolver o problema de alguém.

Hoje, com mais de 600 projetos realizados, incluindo clientes internacionais que vêm pessoalmente buscar pelos nossos serviços, já tive a oportunidade de trabalhar com pessoas renomadas do mercado como: Pablo Marçal, Joel Jota, João Kepler, Bella Falconi, Hyeser, Marinalva Callegario, Marcus Marques, Carlos Busch, José Roberto Marques, Gustavo Borges, Zé Roberto (ZR11), Marcelo Germano, entre outras pessoas inspiradoras.

Entendo que o fato de estar na minha área de talento fez toda a diferença no resultado do meu negócio, na velocidade do meu crescimento e no salto financeiro que tive. E por mais que eu não enxergasse isso e tivesse me "esquecido" dos meus dons e talentos, eles nunca se esqueceram de mim. Eu demorei dezesseis anos para entender como direcionar minhas habilidades, e hoje eu entendo que eu fiz mais do que isso: **eu acessei meu dom e o coloquei a serviço da sociedade.** Por mais que recebesse muitos elogios, demorei para entender, porque quando você ainda não se conhece, tem dificuldade de decidir O QUE vai fazer.

Quando você não se enxerga, não importa quem fale, você duvida até da voz de Deus.

Meu pai estava errado quando me disse que primeiro deveria fazer o que dava dinheiro para depois fazer o que gostava. É possível ter os dois. Você pode ter muito dinheiro dando aula, vendendo água de coco, abrindo uma empresa de saco de lixo, produzindo conteúdo sobre limpar panelas... Não importa! O ponto aqui é que eles não precisam acontecer de maneira separada, porque o que vai garantir o seu resultado não é **O QUE você sabe fazer, mas O QUE FAZ COM AQUILO que sabe fazer.** Saiba no que você é bom e quem precisa da solução que oferece.

Como encurtar o caminho

A função de cada uma das pessoas é deixar mais simples e fácil aquilo que fazem bem.

Apesar de nascermos com nossos dons e habilidades naturais, eles podem ser aperfeiçoados conforme o tempo vai passando. Logo, o que você faz rápido hoje, levou anos para ser aperfeiçoado e ser feito desse jeito. Você conhece a parábola do dono da fábrica e do parafuso?

Um dono de uma fábrica estava com um grande problema em suas máquinas, e nenhum funcionário conseguia consertar. Ele tinha urgência, pois a máquina parada causava um grande prejuízo. Buscou alguns mecânicos da região, mas nenhum conseguiu identificar o defeito. Até que recebeu a indicação de um especialista, que após analisar a máquina de maneira cuidadosa, aparentemente sem muita dificuldade, pegou uma chave de fenda, girou um único parafuso e a máquina voltou a funcionar perfeitamente. Satisfeito, o dono da fábrica pediu a conta pelo serviço. O especialista cobrou o valor de 10 mil dólares. Surpreso, o dono da fábrica disse: "10 mil por um parafuso?". O mecânico especialista calmamente respondeu: "O parafuso custou 1 dólar, os outros 9.999,00 dólares é por saber qual parafuso apertar".

A questão não é a dificuldade do que você faz, mas a economia de tempo e dinheiro que você gera. Imagina se na primeira frase desse livro estivesse escrito que para **transformar o seu conhecimento em dinheiro,** seria necessário dar dezesseis anos de aula e ter uma empresa de projetos educacionais por pelo menos quatro anos. Você pararia a leitura imediatamente. Porque o que você quer não é ter a mesma experiência que eu, mas usar a minha experiência para ter resultados mais rápidos para você.

Você quer saber o que eu aprendi na minha jornada para facilitar a sua.

O que você precisa fazer com o seu conhecimento é ajudar o outro a não perder mais tempo. Porque o que existe de mais valioso é o tempo. Aprendi que **as pessoas não se importam em GASTAR dinheiro, mas se importam em PERDER tempo.**

Com suas habilidades e talentos, você faz o outro ganhar tempo. Porém, é necessário entender que o seu **talento** não está na sua profissão, mas na **maneira** como exerce sua **profissão.**

A faculdade e os cursos trazem conhecimentos técnicos e incorporados, mas não é isso que te define. Quer um exemplo? Basta pegar duas pessoas que fizeram a mesma faculdade/curso, e você verá que o resultado delas e a maneira que aplicam aquilo é completamente diferente. Isso acontece devido à visão de mundo de cada um, que é única.

> Visão de mundo é o conjunto de informações de coisas que você viu, viveu, errou e aprendeu.

Dentro da nossa imaginação, existe um campo de imagens que chamo de **campo semântico***. São várias informações que, juntas, nos permitem resolver vários problemas. Nesse campo, há coisas boas e ruins, e o conjunto disso nos faz sermos quem somos. Tudo isso é único, não tem outra pessoa que passou pelas suas dores, que viveu onde você viveu, que nasceu onde você nasceu. Nem gêmeos idênticos são iguais; eles são diferentes, têm personalidades diferentes, porque isso está ligado à visão de mundo de cada um deles.

**O campo semântico é um conjunto de palavras e informações cujos significados estão diretamente ligados às vivências e experiências de cada pessoa. Ele reflete cultura e repertório, podendo tanto limitar quanto expandir a visão de mundo de cada indivíduo. Funciona como uma memória composta de lembranças, crenças e histórias que, embora guie a interpretação dos fatos, é formado precisamente pelos fatos vividos.*

Visão de mundo não é sobre o que se vê, mas como se percebe as coisas.

Lembro-me de quando estava grávida da Penélope, fui pesquisar se aquele nome tinha uma história ou significado. Gosto muito de estudar a respeito, e encontrei a história da mitologia grega que fala do amor entre Penélope e Ulisses. Quando li essa história, foi a confirmação de que estava correta na escolha do nome, porque aquela história mostrou que o nome Penélope significa alguém que luta pelos seus ideais e busca por aquilo que acredita, mesmo que todas as circunstâncias direcionem para o oposto disso. Uma pessoa que segue seu coração.

Ao compartilhar essa história com algumas pessoas, muitos se encantaram, mas já me deparei com pessoas que viam o significado como algo negativo. Isso acontece porque as pessoas compreendem as coisas de acordo com suas experiências de vida.

As percepções estão sempre relacionadas àquilo que é importante para cada um e por esse motivo duas pessoas podem viver a mesma situação e ter entendimentos diferentes. As compreensões estão ligadas aos nossos valores. **E a mesma coisa acontece quando alguém busca pelos seus serviços: querem saber o seu olhar, seu jeito de resolver, a sua visão de mundo.**

A diferença entre O QUE e COMO

Seu talento, potencial e valor estão profundamente conectados a todas as suas experiências de vida. Tenho certeza de que muitas dessas vivências não estão diretamente relacionadas à sua profissão ou àquilo pelo que você é pago. É comum em algumas ações as pessoas dizerem: "isso tem a sua cara", "sabia que era você", como se aquilo não pudesse ter sido feito por outra pessoa e fosse uma expressão única de quem você é. Isso acontece porque o nosso jeito de ser se reflete em tudo que fazemos; é como um tempero especial que SÓ VOCÊ pode adicionar. Por isso é importante não confundir **O QUE** você faz com o **COMO** você faz.

Por exemplo, tenho uma habilidade de colocar a essência das pessoas em materiais, dar vida e organizar todas as ideias que estão na cabeça delas e colocar um sentido para gerar resultado financeiro e transformação. Poderia fazer isso de diversas maneiras, mas escolhi esse "O QUE" porque fez sentido para mim. Mas eu quero que você entenda que o meu "COMO" estará em tudo que eu faço. Ao deparar-se com algum trabalho meu, você consegue identificá-lo, porque o meu produto tem a minha identidade.

A identidade é "incopiável". E se alguém quiser "copiar", irão identificar de quem foi.

Da mesma maneira que eu tenho o meu COMO, você tem o seu, e preciso que você enxergue que o seu propósito está exatamente nisso. COMO é propósito, O QUE é profissão. Para você ganhar dinheiro com seu conhecimento, precisa colocar no mundo o seu COMO, e o método é o caminho para isso.

Não importa o resultado que você tem hoje, posso te garantir que isso não é nem 10% do que você pode atingir. Nós somos seres em constante evolução, cada dia que passa, somos melhores. Isso nos faz seres ilimitados com resultados ilimitados, e quando você chegar em um resultado 10x maior do que tem hoje, saiba que poderá expandir cada vez mais.

Mude seu O QUE, mas jamais se desvie do seu COMO

Quando eu comecei meu novo negócio, busquei o que eu sabia fazer e poderia realizar sem depender de ninguém. **Começar já é difícil, mas se você começar de um jeito que não sabe, será muito mais difícil.** Então, eu comecei oferecendo o meu produto individualmente, porque isso era o que eu sabia fazer.

Existem várias coisas que você pode fazer, e como citei anteriormente, sempre tendemos a escolher aquilo que temos mais facilidade. Mas chega um momento da vida que, pelos resultados ou pela falta deles, você começa a ficar cego para outras oportunidades que pode ter. Para ter clareza da diferença de "O que" com "Como", responda a seguinte pergunta:

> "Se você ganhasse dez vezes mais no que faz hoje, você desistiria?"

Se a sua resposta for não, o problema não está no trabalho, mas no salário; se a sua resposta for sim, o problema está de fato naquilo que está fazendo. Porque **quando algo foge muito da sua essência, não importa quanto receba, você não vai conseguir fazer.**

Quando eu comecei a trabalhar, recebi uma proposta para ser *ghostwriter*. Eu ia ganhar uma média de 25 mil por projeto, e como eu fazia um livro por semana, eu poderia ganhar 100 mil por mês. Só que eu não queria ser isso, então não era o salário, eu não queria aquele serviço, aquela nomenclatura, não acreditava naquele modelo de trabalho. **Eu acredito que as pessoas são matéria-prima que devem ser usadas por completo para potencializar o que elas fazem, por isso não devemos interferir no conhecimento delas.** Um *ghostwriter*, muitas vezes, faz o trabalho todo sem colocar a essência daquele escritor. Então, não importava o quanto eu ganhasse, eu não queria fazer aquilo, porque aquele "O que", fugia completamente do meu "Como", de quem eu sou e do que eu acredito.

O QUE você faz é profissão,
o COMO é a essência.

A nossa empresa transforma o conhecimento das pessoas em produtos, de uma maneira personalizada, para deixar um legado no mundo. Utilizamos 100% do conhecimento de cada um como matéria-prima, e damos vida por meio da nossa fábrica do conhecimento. E eu poderia fazer a mesma coisa se tivesse uma empresa de jardinagem, onde pegaria as histórias das famílias e iria expor em um lindo jardim, de gerações para gerações. Eu poderia fazer isso porque está no meu **"como"** e se eu não entendo o meu **"como"**, eu fico trabalhando com os **"o quês"** errados.

O maior problema das pessoas é que elas querem procurar o COMO elas fazem no O QUE elas fazem; em outras palavras, isso seria a mesma coisa de buscar o seu propósito na sua profissão.

**O COMO é o propósito,
O QUE é a profissão.**

E isso precisa ser entendido de uma maneira muito clara, porque a profissão é apenas uma maneira de exercer o propósito. A palavra "propósito" em sua etimologia significa "externar, colocar à vista".

Quer saber o seu propósito? Coloque no mundo o que está dentro de você.

E se você não tiver clareza da diferença disso, vai ser muito difícil transformar o seu conhecimento em dinheiro, porque você não vai conseguir enxergar e diferenciar o valor do conhecimento que tem dentro de você.

Às vezes, quando você faz o que ama, mas está sobrecarregado por conta da rotina, tende a achar que está fazendo algo errado, mas na verdade só está sobrecarregado. **O crescimento traz responsabilidades e quanto mais rápido você cresce, mais desorganizado pode ficar; por isso, é importante ter a clareza da diferença entre errado e sobrecarregado.** Caso isso aconteça com você, volte duas casas e lembre-se do porquê você começou, pois é isso que vai te inspirar todos os dias. Sempre que precisar de combustível, é a energia do **Dia 1** que você deve acessar.

O motivo de escrever este livro e da minha empresa existir, é porque eu tenho a **missão de trazer o conhecimento das pessoas para o mundo;** eu acredito de fato que cada pessoa é única e consigo enxergar a singularidade de cada um. Quando estou passando por fases sobrecarregadas ou momentos de *stress*, preciso me lembrar do porquê eu comecei: **EU CONSTRUO SONHOS E É SOMENTE NISSO QUE PRECISO MIRAR.** Porque assim você começa a levantar da cama para transformar vidas e não para executar um trabalho.

Não importa o resultado que você já conquistou, posso te garantir que isso não é nem 10% do que você é capaz de atingir.

"Que você tenha todos os dias a energia de quando começou.

Mari Coelho - @falamaismari

Capítulo 5

O MÉTODO

Como você quer ser visto?

Agora que você já entendeu que seu conhecimento tem valor, ter um **método é o que vai transformar o seu conhecimento em dinheiro.** Para você ter clareza e entender o seu processo, preciso te apresentar o caminho que me trouxe até aqui.

Quando eu comecei a fazer livros, também escrevia lindos textos e reflexões. A frequência era alta e eu sempre mostrava para o meu marido. Foi em uma dessas vezes que ele me disse: "Amor, por que você não vende esses textos? Eles são lindos e tenho certeza de que as pessoas se interessariam em comprá-los".

A fala dele ativou algo em mim. Apesar de não visualizar de fato como as pessoas poderiam comprar meus textos, eu fiz uma lista de TUDO O QUE EU SABIA FAZER: poesia, música, site, votos de casamento, manifesto, palestras, livros, apostilas, e-books, cursos etc. Criei um site, simples, mas contendo tudo que eu poderia oferecer, porque entendi que ao entrar em contato com alguém, as pessoas iriam me pedir algum local para poder saber se eu era de verdade, e na minha visão o site seria essencial. Com esses produtos desenhados, comecei a oferecê-los para as pessoas. Percebi que, apesar de vender quase todos os produtos da minha lista, o que mais interessava as pessoas eram os livros.

Todo mundo deseja escrever um livro e possui muitas histórias para contar; ele é um produto de desejo universal.

Vendia uma quantidade boa de apostilas e construção de cursos, só não vendia mais porque eu tinha que conscientizar as pessoas da importância desses produtos, o que aconteceu com o tempo.

Eu não queria ser conhecida como a Mari da Apostila, Mari dos Livros, ou algo do tipo, pelo *know-how* de coisas que eu podia fazer. Eu queria um nome que, de alguma maneira, me definisse. Fui em busca de algo que fazia sentido para mim e que juntasse tudo o que eu oferecia.

Por vir da área da educação, utilizei minha experiência para validar o meu trabalho e me apresentava como **ESPECIALISTA EM DIDÁTICA QUE TRANSFORMA O CONHECIMENTO DAS PESSOAS EM MÉTODO.** Utilizava a palavra "método" por ele significar um conjunto de informações rumo a um objetivo. Que era exatamente o que eu fazia: entendia a necessidade de cada projeto (objetivo), utilizava o conteúdo como matéria-prima (conjunto de informações) e criava um livro, curso ou apostila com aquilo (rumo). O nome "método" é neutro e pode ser usado para qualquer produto.

Apesar de esse ser meu posicionamento, **entendi que ninguém acorda querendo aprender sobre didática.** Então precisei ajustar minha comunicação para: **ESPECIALISTA EM MÉTODO QUE TRANSFORMA CONHECIMENTO EM PRODUTO.** Isso não alterava o que eu fazia, mas deixava tangível as possibilidades que as pessoas teriam com nossos serviços. Busquei no mercado por este termo e naquele momento não existia ninguém que tinha esse posicionamento. As pessoas sempre vendiam o método delas, mas não vendiam **COMO CRIAR O MÉTODO DE ALGUÉM.** Com isso, implementei no mercado o termo **ESPECIALISTA EM MÉTODO,** abrindo portas para outros profissionais com uma nova profissão e um novo produto que atendia uma necessidade do mercado.

O significado no dicionário para método é: um caminho para uma meta.

A minha definição é:

Método é o mínimo necessário para gerar o máximo de resultado.

Muitas coisas que você vive ou faz hoje surgiram da cabeça de alguém, por isso é interessante que você conheça a base. A prática vem antes da teoria, ou seja, alguém executou e registrou e por causa disso temos conteúdo teórico para acessar e aprimorar. Mas, quando se trata de algo que ninguém fala, você precisa CRIAR a teoria de acordo com a sua prática. E foi isso que eu fiz com o método.

Dê valor para as coisas que você pensa, para as suas ideias. Elas têm valor. Você precisa educar o mercado e criar uma narrativa que conduza as pessoas e dê uma explicação clara a respeito da solução que entrega.

O que é um método?

O método nada mais é que o caminho para uma meta. Quando você tem uma meta, existe um caminho que te leva até lá, e o conjunto disso é um método.

Método não é metodologia científica.

Para facilitar o entendimento, vou utilizar como analogia o aplicativo Waze de GPS.

O Waze é uma ferramenta incrível, capaz de levar alguém para qualquer lugar do mundo, desde que a pessoa saiba o lugar do mundo para onde quer ir. Então, se você não sabe o seu destino, pode até ter em mãos uma ferramenta incrível, mas ela não vai te levar para lugar nenhum.

E a mesma coisa acontece com o seu conhecimento. Se você não o direciona de forma adequada, não identifica um método e não utiliza sua própria história para gerar transformação, ele acaba perdendo seu potencial.

Como fazer um método?

Para fazer um método, é preciso três coisas:

DESTINO → Para onde vai?

CAMINHO → Como chegar até lá?

ROTA → Qual a melhor rota?

MÉTODO WAZE

DESTINO

Quando você abre o Waze, a primeira coisa que aparece para preencher é a seguinte pergunta: "Para onde?". Você precisa definir o lugar para onde vai, ou seja, qual é o seu DESTINO. Quanto mais específico esse destino for, mais assertivo será o seu caminho.

Se você apenas digitar no campo do destino a cidade, sem definir bairro, rua e número do destino, não irá chegar a nenhum lugar específico. Mas ao colocar as informações completas, o Waze vai te levar ao exato local que você deseja.

Imagine que as pessoas estão com um mapa na mão querendo te encontrar, mas como você não colocou um número na casa onde mora, ninguém vai te achar.

Para criar seu método, é necessário colocar um número na sua casa, definir o seu destino, o PARA ONDE você vai levar o outro.

Quanto mais específico for o DESTINO, mais assertivo será o CAMINHO.

CAMINHO

Com um destino definido, o Waze traça um caminho a seguir; o caminho é o PASSO A PASSO para se chegar até o destino, traçado na ORDEM EXATA DE EXECUÇÃO, mostrando os possíveis OBSTÁCULOS para, assim, gerar MICRO RESULTADOS.

A importância de mostrar os obstáculos

Imagine que o percurso que você está seguindo está com trânsito e o Waze não sinaliza isso. O sentimento que você terá é que ele está com algum problema, o que te fará perder a confiança na ferramenta e, talvez, buscar a solução em outro lugar. No método, se você não sinaliza os obstáculos, acaba passando a mensagem de confusão e incoerência, o que leva as pessoas a pensarem que o seu método não é seguro ou que você não é um condutor confiável.

Muitos acham que ocultar obstáculos é o que faz o outro caminhar com você, mas a clareza dos obstáculos é que faz o outro confiar e nunca mais deixar de caminhar com você.

Mostrar os obstáculos não é falar sobre os problemas, mas ter clareza de coisas que podem acontecer. Por exemplo: um cliente contratou um projeto para uma data específica e dentro do projeto existem fases em que as responsabilidades alternam entre cliente e empresa. Se o cliente atrasar na fase que é a responsabilidade é dele, você precisa deixá-lo ciente de que, por conta desse atraso, a data definida já não pode mais ser cumprida, pois o atraso dele impacta na data da sua entrega. E você precisa deixar isso claro no dia em que ele fechou o projeto e quando ele atrasar, caso isso ocorra. Porque se deixar para falar na data da entrega final, irá passar a mensagem de alguém que está dando "desculpas".

> Falar dos obstáculos é dar clareza de todas as etapas seguidas no processo (caminho).

Veja dois exemplos de obstáculos sem clareza:

Exemplo 1:

> Você vai a uma dermatologista para fazer um procedimento facial. Sabendo que tem um evento importante em dois dias, pergunta se o procedimento causará inchaço. A médica responde que não haverá hematomas e que o inchaço é leve e desaparece em algumas horas. Com essa garantia, você decide prosseguir. No dia seguinte, ao acordar, seu

rosto está completamente inchado. Chateada, você contata a dermatologista, que então lhe informa que, em casos raros, pode ocorrer uma reação exagerada como a sua. Mas, como é raro, ela preferiu não avisar antes.

Essa omissão quebra sua confiança na profissional. Se você soubesse dos riscos, poderia ter optado por não fazer o procedimento ou, ao menos, ter se preparado para essa possibilidade.

Exemplo 2:

Você consulta um nutricionista para perder peso e segue sua dieta rigorosamente por dois meses. Porém, ao final desse tempo, você não perdeu um único grama. O que você sente? Frustração, decepção e talvez desespero. Agora, imagine que, no dia da consulta, o nutricionista tivesse explicado que, nos primeiros dois meses, o foco é desintoxicar seu corpo, e que a perda de peso só começará a partir do terceiro mês. Ciente desse processo, você enfrentaria os primeiros dois meses com tranquilidade, sabendo exatamente o que esperar.

Por que se preocupar com MICRO RESULTADOS?

Conforme vai avançando no Waze em direção ao seu destino, você é constantemente informado sobre o tempo que falta e a distância vai diminuindo conforme você avança no trajeto. Isso gera um sentimento de micro resultado, passando a mensagem de que vale a pena continuar.

O micro resultado é como se fizesse um check no cérebro, mostrando que compensa continuar.

ROTA

No Waze, há uma opção chamada "rota", que é utilizada quando já conhece muito bem aquele destino e já passou várias vezes por aquele caminho. Dessa maneira, de acordo com a experiência você usa a rota para definir o melhor caminho.

A rota é a sua experiência dentro do processo, a sua trajetória, é o que você **fez** para chegar até o destino, o que **faz** para manter o seu resultado e o que você **faria** diferente antes com o conhecimento que você tem hoje.

O que você vende para as pessoas é a sua ROTA, mas precisa organizá-la em um passo a passo (caminho) rumo a um destino, para deixar palpável.

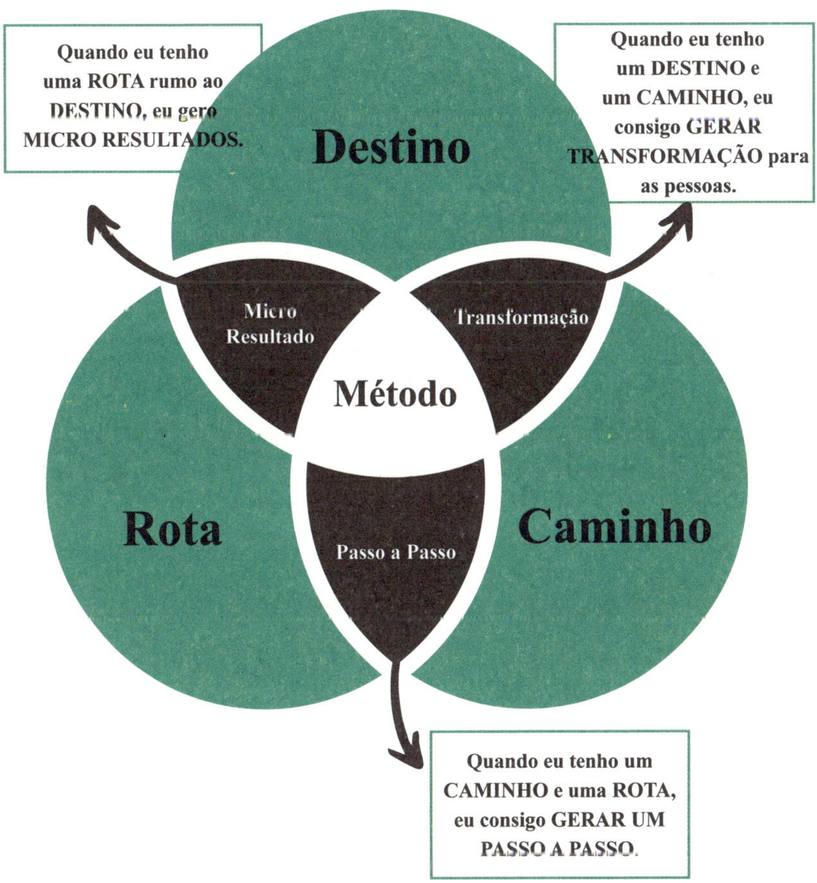

É somente com essa clareza que as pessoas podem ir de um ponto a outro. E é o seu papel direcioná-las pelo melhor caminho no processo.

A distância entre você e o seu método:

VOCÊ

DESTINO

Traz clareza do que vende

DESTINO
=
TRANSFORMAÇÃO

O destino é levar do ponto A ao ponto B, quanto mais específico for, melhor e mais garantido será o resultado.

SEU MÉTODO

ROTA

Te diferencia no mercado

ROTA = MICRO RESULTADO

Ela é o diferencial, é a experiência. A visão de mundo que permite escolher o melhor caminho. É o que te traz o resultado mais rápido e gera micro resultados no percurso.

CAMINHO

Segurança sobre o processo

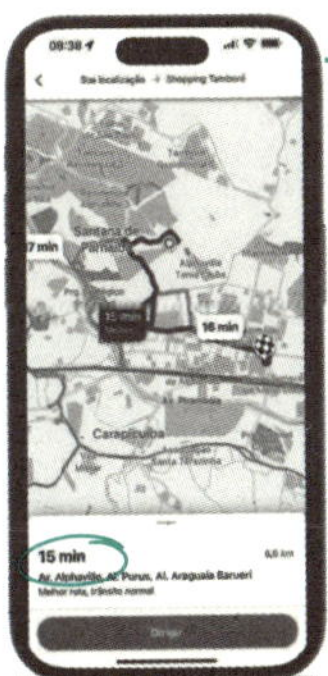

CAMINHO = PASSO A PASSO

O caminho é o passo a passo, na ordem de execução. Apresenta clareza e mostra obstáculos. Traz a visão para gerar micro resultados.

Como definir um destino?

Agora que você já aprendeu todos os elementos de um método, chegou a hora de desenvolver o seu para começar a **TRANSFORMAR O SEU CONHECIMENTO EM DINHEIRO.**

A primeira coisa a se fazer é definir um DESTINO. Por mais simples que pareça, essa etapa é muito difícil para a maioria das pessoas.

> Isso acontece porque dentro de nós há muita informação e, ao escolher um destino dentro do nosso conhecimento, ficamos com a sensação de que isso nos fará "abrir mão" de todas as outras coisas.

O sentimento é similar ao de quando você era adolescente e precisou escolher uma carreira. É como se fosse obrigado a fazer aquilo "para sempre". Tenho certeza de que se alguém tivesse lhe falado que você podia ter mais de uma carreira e várias faculdades, isso seria mais fácil.

A boa notícia é que você pode ter vários métodos, mas para criar o primeiro deles, é preciso escolher um **destino.** Neste momento, não fique com dúvida; escolha **aquilo que você vai ensinar com o seu método.**

Para ilustrar melhor, vou te contar a história da Talita, uma especialista em harmonização facial, cujo objetivo é fazer a pessoa comunicar sua imagem de acordo com seu momento de vida. Quando nos conhecemos, ela estava na busca de **construir seu método.**

Porém, além de ser especialista na face, ela também atua no corporal. Quando ela veio até mim, a primeira pergunta que fiz foi: "O que você quer metodizar?". Nessa primeira conversa, a intenção da Talita era metodizar suas técnicas de face e corpo, como se fossem um só.

Expliquei que para podermos criar um método é necessário escolher apenas um **DESTINO,** pois o processo facial é diferente do corporal.

> O primeiro passo para definir o seu DESTINO é entender como a sua mente pensa para uma determinada finalidade.

Lembra que eu falei que quanto mais específico o **DESTINO,** mais fácil será o caminho? Isso funciona na hora de metodizar um conhecimento. **Você precisa ser específico.**

Se você não definir um DESTINO, ao tentar encontrar as respostas para as perguntas que fazem parte da construção do método, sua mente divagará por várias possíveis soluções e você não conseguirá ter respostas assertivas.

No exemplo da Talita, perguntei o que ela queria fazer primeiro, e então começamos pelo método da face. A construção foi incrível! Lembro-me que ela falava da harmonização facial, mas sempre citava a frase "O rosto comunica". E foi esse importante detalhe que nos levou a definir o nome do seu método: Comunicação Facial. Isso jamais teria sido possível se o **DESTINO** não fosse assertivo.

Hoje a Dra. Talita forma outros profissionais para trabalharem com o SEU MÉTODO COMUNICAÇÃO FACIAL, e isso só foi possível porque ela definiu um DESTINO.

Se você não define um destino, não define uma meta; e sem meta, não tem método.

Outro exemplo foi quando fui contratada para criar um método de formação em vendas. Para definir o destino, perguntei qual seria o público-alvo, ou seja, para qual finalidade aquilo seria construído. A resposta que recebi foi: "É para todo mundo".

Eu disse que precisava saber onde aquele método seria aplicado, qual era o objetivo. Formar pessoas, treinar time, vender para o público final...? A resposta foi que o objetivo seria treinamento interno e público final. Imediatamente disse que isso não seria possível. As dúvidas de um time interno são diferentes das do público final. E para poder ajudar minha cliente a decidir, fiz a seguinte pergunta: O que você precisa com mais urgência? Formar pessoas ou vender mais?".

> **Caso você esteja passando por algo similar, faça-se a mesma pergunta que faço para os clientes: "Qual é a sua necessidade de imediato?"**

Com a resposta, você saberá qual destino escolher. No exemplo citado, acabamos criando o método de formação. Quando ficou pronto, percebemos que aquilo poderia ser usado também para o público final. A questão é que, ao definir um destino, muitas vezes posso aplicar o método em outros lugares, mas sem definir um destino eu não consigo criar nenhum método.

Veja alguns exemplos de destinos:

Transformar o seu conhecimento em um livro	Alinhar a comunicação do seu rosto com seu momento de vida	Vender com emoção
Sair da depressão	Construir um método para um curso online	Fazer vendas de alto ticket sem precisar ser famoso

O destino precisa ser específico, não necessariamente bonito; não é o nome e muitas vezes ele não aparece na venda do seu produto, mas ele é essencial para a construção do método. O DESTINO PRECISA SER CLARO, ESPECÍFICO E ENTENDÍVEL.

***IMPORTANTE:** toda vez que você vai criar um método, existem dois destinos: o que você vai gerar no outro e o que você vai gerar para você. Eu quero agora que você se preocupe apenas com O QUE QUER GERAR NO OUTRO, porque o que quer gerar para você é algo que pode ser alterado constantemente e não interfere na construção do método, mas entra apenas na estratégia do seu produto ou serviço.*

Com base nas suas habilidades e no serviço que vai oferecer, defina o seu destino, ou seja: a transformação palpável que você vai oferecer.

Qual seu destino?

ESCOLHENDO O SEU PRODUTO

Com o seu destino definido, será necessário definir quais possíveis produtos você pode criar com ele: um curso, uma mentoria, um livro, um treinamento, um atendimento... No final, independente do que for escolhido, tudo é educação, porque toda vez que você transfere o seu conhecimento, você está ensinando o que sabe para o outro. Eu defendo a tese de que, quando estamos falando, somos professores, e quando ouvimos, somos alunos. Caso queira saber mais sobre esse tema, tenho uma abordagem mais profunda no livro *O Guia Prático para Ensinar Qualquer Coisa.*

Dentre todos os produtos que você pode oferecer, escolha um para seguirmos na construção do seu método.

Meu produto é:

Como definir o caminho?

Dentro de nós, existem muitas informações e a partir do momento que você define um destino, é como se, automaticamente, você criasse uma linha neural que utiliza seu conhecimento para chegar até aquela solução.

Quando alguém nos faz qualquer pergunta, é muito mais fácil ajudar aquela pessoa, certo? Isso acontece porque a pergunta gera um direcionamento para uma resposta assertiva. Por isso, quando você define um destino, fica mais fácil definir o passo a passo para chegar até ele. É como se esse "destino" fosse a "pergunta", e o "caminho" é a trilha dentro do seu conhecimento.

> Para definir o caminho, é necessário dividir o destino em três partes, ou seja, quais são as coisas essenciais que precisam ser feitas para chegar até o destino?

Antes de responder essa pergunta, preciso te falar brevemente sobre o funcionamento do cérebro. Nosso cérebro é dividido em duas partes principais: a **RACIONAL** e a **CRIATIVA**. A parte criativa (hemisfério direito) é responsável pela intuição, imaginação e capacidade de pensar fora da caixa. Já o lado racional (hemisfério esquerdo) processa informações lógicas e analíticas; ele é responsável por raciocínios que exigem sentido e provas concretas, auxiliando na tomada de decisões baseadas em fatos e evidências.

O lado criativo do cérebro é intuitivo, imaginativo e abstrato, enquanto o lado racional traz você para a realidade.

Definir o seu **CAMINHO** é um processo criativo, por isso precisa responder as primeiras coisas que vierem à sua cabeça. Quando pensar na resposta dos três passos para chegar ao destino, o seu racional vai tentar te parar com pensamentos: "até parece que é só isso, não é isso, não está certo, não é desse jeito, precisa de mais coisa".

Você precisa colocar a razão e a criatividade para trabalharem juntas, porém em momentos separados.

Para ilustrar: imagine que você está no programa de TV The Noite, sendo entrevistado pelo Danilo Gentili. Ele fala o seu nome e o método que você criou. Após a apresentação, ele te pergunta: "Fulano, conta para o público: quais são as três principais coisas que precisamos fazer para conquistar a transformação que oferece?"

> Essa resposta não é racional, ela é criativa, porque precisa vir da sua intuição, são as **três primeiras coisas que vêm à cabeça.** Até porque, se você começasse a demorar muito, imagino que o Danilo iria te falar: "Sem pressa, temos 20s até o intervalo".

Para conseguir fazer isso, você precisa eliminar todas as pessoas que estiverem perto, distrações ou qualquer coisa, pois um processo intuitivo não admite intervenções. Pense no seu destino, na transformação que escolheu. Para que alguém consiga conquistar aquilo, quais são os passos macros que a pessoa precisa seguir, o que ela precisa fazer, defina apenas três passos.

Imagine que vou te ensinar a fazer um livro; a primeira coisa que eu preciso é que você tenha uma mensagem clara, um método estruturado para que consiga implementar a sua história.

Destino:

Fazer um livro

Produto:

Prestação de serviços, atendimento

Caminho:

1. Mensagem clara

2. Método estruturado

3. Implementar a sua história

Lembro-me de estar em uma palestra e uma psiquiatra falar assim: "Achei incrível isso, mas não se aplica no meu negócio". Então, eu questionei: "O que você faz?". Ela respondeu: "Sou psiquiatra, faço consultas individuais de acordo com o problema de cada paciente". Então, eu respondi: "Interessante, quando você vai atender alguém, como você avalia?". Ela me respondeu: "É muito INDIVIDUALIZADO, primeiro vou entender a dor da pessoa, depois vou identificar qual a área de urgência para criar um plano de tratamento". Na mesma hora que ela respondeu minha pergunta, criou o método.

Destino:

Resolver uma dor por meio de tratamento psiquiátrico.

Produto:

Atendimento e consulta

Caminho:

1. Entender a dor

2. Área de urgência

3. Plano de tratamento

O que acontece é que estamos tão acostumados a fazer certas coisas, que é difícil pensar naquilo "em passos", porque acontece de uma maneira automática e natural. Assim, quando peço que criem um método, muitos sentem que isso vai limitá-los, que não é possível ou que não se aplica para eles.

O método não existe para te limitar, ele existe para te embasar.

Por mais individualizado que algo seja, existe um processo interno que você utiliza para realizar qualquer atividade. **É SÓ OBSERVAR COM O OLHAR DE MÉTODO.** Esses dias eu estava almoçando com um amigo e ele me disse: "Mari, agora que eu entendi esse negócio de método, faço método para tudo!". E é esse mesmo sentimento que quero gerar em você.

Independente do que você faça, eu sei que existe um passo a passo na ordem de execução para você realizar algo. A questão é: você não sabe disso porque nunca parou para se preocupar com isso.

Não sabemos como fazemos algo até alguém nos perguntar como este algo é feito.

Agora que você entendeu sobre o processo criativo do cérebro, responda: quais são as três primeiras coisas que vêm à sua cabeça quando pensa nos passos necessários para chegar à transformação que você oferece?

Essas três coisas que virão a sua cabeça são as partes do seu destino, que chamamos de caminho. Para isso, copie aqui o destino e o produto que escreveu na página **91**.

Escreva o destino e o produto que colocou no sub capítulo anterior:

DESTINO:

PRODUTO:

Agora, divida esse destino em três partes ou passos e escreva o seu caminho:

CAMINHO:

Como definir sua rota?

Depois que você definiu o seu destino e caminho, está na hora de definir a rota. **A rota é o seu bem mais valioso.**

Anteriormente, falei sobre a visão de mundo e do campo semântico; falei também que as pessoas não compram o seu produto ou o seu serviço, elas compram o seu olhar no negócio delas.

No final das contas, as pessoas não compram aquilo que você vende, mas a experiência que você tem por meio daquilo que você vende.

A sua experiência é essencial na criação do método, pois é isso que faz com que o método seja individual, que ele tenha identidade; mesmo que exista alguém que faça O QUE você faz, ninguém faz COMO você.

ROTA = SUA EXPERIÊNCIA

Ter um método é a maneira de você registrar o seu legado e poder potencializar a sua mensagem no mundo. Não tenha medo de ensinar a sua rota, pois se você decidisse hoje ensinar para alguém TUDO o que sabe, não conseguiria, porque nem você sabe todo o conhecimento que possui.

Nosso conhecimento é acessado conforme a necessidade.

É por isso que você precisa criar seu método. Ele é a maneira de direcionar o seu conhecimento para uma necessidade, e assim poder ganhar dinheiro com a sua história.

A rota é o seu bem mais valioso e é essa experiência que as outras pessoas querem.

Você já assistiu ao filme "Quem quer ser um milionário?" Este filme é um bom exemplo de rota. Ele retrata uma pessoa aparentemente sem conhecimento que consegue acertar as respostas de um jogo de televisão e ganhar o prêmio máximo, acessando apenas suas memórias.

Você tem um monte de informação e, conforme forem aparecendo as perguntas, conseguirá acessar a resposta. É por isso que a rota é o seu bem mais valioso.

Quer ver um exemplo? Há alguns anos, cheguei a ingressar no mestrado em uma renomada instituição de ensino e tecnologia. Na época, tinha intenção de seguir carreira acadêmica, formei a minha grade escolhendo turmas que pudessem ser aproveitadas nas próximas fases, analisava o que tinha na aula do mestrado que serviria para o pós-doutorado e, assim, montei minha grade.

Por coincidência, o meu primeiro dia de aula foi em uma turma do pós-doutorado. Acredito que eu era a única aluna do mestrado na turma. Estava tímida e quieta. O professor por sua vez, escreveu um exercício na lousa e deu um tempo para os alunos responderem. Olhei aquele exercício, achei bem simples de fazer, até duvidei se era apenas aquilo mesmo, mas segui com o desenvolvimento até o momento de verificar o resultado. Quando o professor perguntou quem tinha conseguido resolver, me apontaram dizendo que a novata tinha conseguido. O professor pediu para eu falar a resposta, e após mostrar a ele, descobri que tinha resolvido o exercício corretamente.

Todo mundo ficou olhando para mim, porque eu tinha sido a única pessoa da sala que havia conseguido resolver, e era o meu primeiro dia de aula, na turma do pós-doutorado, como aluna do mestrado.

> Os olhares eram de: "Quem é essa menina? Como ela conseguiu? É um gênio?"

O que aconteceu é que aquele exercício foi solucionado pela minha rota. Poucos anos antes do ocorrido, eu tinha feito um curso de inspetor de solda, um curso livre para atuar no setor, e o exercício que o professor passou era sobre eletrodo revestido, que é um carvãozinho, a base da solda, que se queima na hora de soldar. Foi um exercício muito simples (para mim), porque eu tinha feito aquele curso e os demais alunos não. Eu brilhei em um instituto renomado, devido a minha rota.

Utilizei esse exemplo apenas para te mostrar que existem coisas em você que talvez você ainda nem tenha acessado, que fazem parte da sua história e irão te diferenciar no mundo, independente do mercado que escolha atuar.

Agora que você entendeu o quanto a sua rota é valiosa, vamos aplicá-la dentro do seu caminho para você conseguir visualizar o poder de ter um produto com método. O objetivo final é mais do que criar um método, é fazer você passar segurança na hora de vender e transferir seu conhecimento, porque tem clareza do produto ou serviço que oferece.

ROTA APLICADA

A rota é o que você tem de mais valioso, é o que na verdade você vende; você apenas a organiza em um passo a passo, rumo a um destino para deixar isso mais palpável.

Para criar a sua rota, você vai precisar se aprofundar no CAMINHO como se fosse subdividir cada uma das partes ou passos.

Da mesma maneira que você dividiu seu destino em três partes para criar o caminho, você vai subdividir cada parte dele em mais três partes para, assim, criar a sua rota.

Para ilustrar, vamos ver como ficaria a ROTA do seguinte DESTINO E CAMINHO abaixo:

Destino:

Diagnóstico para determinar tratamento psicológico.

Produto:

Consulta

Caminho:

1. Entender o estado presente
2. Mapear o passado
3. Desenhar o futuro

Para poder criar a ROTA, em cada parte do caminho, você precisa se fazer a seguinte pergunta:

Para que possa "entender o estado presente do paciente", quais são as três coisas que analiso ou quais são os três passos que sigo?

A linha de pensamento é a mesma, você precisa colocar a primeira coisa que vem à sua cabeça.

No exemplo citado, a resposta ficaria assim:

"Para 'entender o estado presente do paciente', primeiro **'mapeio as queixas'**, depois as **'dores'** e por último os **'sintomas'**."

Você deve fazer essa pergunta em cada item do CAMINHO para poder criar a sua ROTA.

Após aplicar isso nas três partes, no exemplo citado, a rota deve ficar assim:

Rota:

1. Entender o estado presente

- Mapear queixas
- Mapear dores
- Mapear sintomas

2. Mapear o passado

- Fazer perguntas
- Entender o histórico
- Identificar traumas

3. Desenhar o futuro

- Metas definidas
- Sonhos resgatados
- Rotina alinhada com objetivo

Talvez você esteja se perguntando por que uma psicóloga "precisaria" criar o método da sua consulta. A questão aqui não é o porquê, mas sim o impacto que se causa quando tem método.

A psicóloga, ao apresentar sua consulta, pode seguir o que todos fazem e falar assim:

"Na nossa primeira sessão, farei um diagnóstico para entender como você está e indicar o tratamento mais adequado."

Ou ela pode explicar com método, falando da seguinte maneira:

"Nossa primeira sessão de **atendimento (PRODUTO)** tem como objetivo principal fazer um **diagnóstico para determinar o tratamento (DESTINO)** adequado ao seu caso. Para isso, irei **entender seu estado presente (CAMINHO), mapeando queixas, dores e sintomas (ROTA).** Em seguida, vamos **mapear seu passado (CAMINHO), por meio de perguntas, histórico e traumas (ROTA)**. Por último, vamos **desenhar o futuro (CAMINHO), com metas definidas, sonhos resgatados e rotina alinhada com objetivo (ROTA)**. Após esse processo, poderei desenhar o acompanhamento mais adequado para você."

Não seria muito mais interessante contratar uma consulta assim?

Essa é uma consulta com um método, porque ela apresenta o objetivo daquela consulta **(DESTINO)**, dá clareza sobre o processo que ela vai utilizar **(CAMINHO)**, e aprofunda no processo o suficiente para a pessoa entender de acordo com a sua experiência **(ROTA)**.

Agora que entendeu sobre a ROTA, você vai traçar a sua com base no destino e nos caminhos já definidos. Para isso, irá utilizar nosso CANVAS DO MÉTODO. Veja o exemplo da psicóloga aplicado no Canvas do Método:

CANVAS DO MÉTODO		
Destino:		
Diagnóstico para determinar tratamento psicológico.		
Produto: Consulta		
Caminho:		
Entender o estado presente	**Mapear o passado**	**Desenhar o futuro**
Rota:		
Mapear as queixas	**Fazer perguntas**	**Definir metas**
Mapear as dores	**Entender o histórico**	**Resgatar sonhos**
Mapear os sintomas	**Identificar traumas**	**Alinhar rotina com o objetivo**

Agora é a sua vez. Preencha o Canvas do Método com o seu DESTINO, CAMINHO e ROTA:

CANVAS DO MÉTODO

Destino:

Produto:

Caminho:

Rota:

Ter um método é criar uma linha neural dentro do seu conhecimento, com base na sua história, para ajudar o outro a resolver um problema para o qual você tem a solução.

Ao definir a sua rota, você completa a última etapa do método, e com isso tem o método completo aplicado na ferramenta CANVAS DO MÉTODO.

Apesar de entrarmos no quesito ROTA por último, ela está presente em todo momento. Quando você define DESTINO e CAMINHO, está usando a sua ROTA, porque ela é sua trajetória.

Não tem como separar você do seu produto.

Aplicação do Método

Como vimos anteriormente, ter um método lhe permite ter mais clareza do que vende, traz segurança sobre seu processo e diferencia você no mercado. Afinal, você é único e o seu método também.

No exemplo da psicóloga, você viu como poderia ser a explicação de uma consulta com método. A seguir, vamos ver dois exemplos do Canvas do Método preenchido e como poderia ser a explicação desses serviços utilizando método.

EXEMPLO 1

CANVAS DO MÉTODO		
Destino:		
Capacitar cabeleireiros a realizar cortes personalizados		
Produto: Curso		
Caminho:		
Tipos de Cortes	**Acabamento**	**Atendimento**
Rota:		
Técnicas	**Finalização e resultado**	**Perguntas para se fazer antes de iniciar o corte**
Melhores cortes para cada perfil	**Segredo para o acabamento perfeito**	**Utilização de fotos e referências**
A tesoura ideal	**Maiores erros**	**Como ter a agenda lotada**

EXPLICAÇÃO DO EXEMPLO 1:

Olá, eu sou a Júlia, especialista em cortes e ajudo cabeleireiros a realizarem cortes personalizados. Faço isso por meio de três frentes: TIPOS DE CORTES, ACABAMENTO E ATENDIMENTO. Na parte de cortes, apresento técnicas, cortes ideais para cada perfil e como saber escolher a sua ferramenta chave: a tesoura. No acabamento, ensino detalhes importantes sobre finalização e resultado, além de mostrar o segredo do acabamento perfeito e os maiores erros na hora de fazer um corte. Por último, te mostro no atendimento quais são as perguntas-chave a se fazer antes de iniciar o corte, como se embasar por meio de fotos e referência para realizar um atendimento que deixe a sua agenda lotada. Você gostaria de se aprofundar nas técnicas de Cortes Personalizados? Venha para o meu curso que eu vou te ajudar.

EXEMPLO 2

CANVAS DO MÉTODO		
Destino:		
Transformar um texto em um design didático e bonito		
Produto: Consultoria		
Caminho:		
Compreensão do Texto	**Organização Visual**	**Aplicação no Design**
Rota:		
Análise do texto	**Tipografia, cores, peso visual**	**Predefinições do documento**
Identificação das partes importantes para destacar	**Distribuição do texto**	**Formatar páginas mestre**
Verificar o fluxo de leitura	**Uso de ilustrações, infográficos, imagens**	**Aplicação do texto na ferramenta**

EXPLICAÇÃO DO EXEMPLO 2:

Um texto sem um bom design perde o seu valor. Olá, eu sou a Dani, especialista em Design Editorial, e quero te mostrar como transformar um conteúdo em um projeto visual didático e bonito. O primeiro passo é compreender o texto a fundo. Isso envolve analisar o conteúdo, identificar as partes mais importantes que merecem destaque e garantir o fluxo de leitura. Em seguida, passamos para a organização visual. Aqui, definimos a tipografia e a paleta de cores, criando uma hierarquia visual que deixe a leitura mais prazerosa. Depois, o texto é distribuído e harmonizado com o uso de ilustrações, infográficos e imagens, para reforçar a mensagem e tornar o conteúdo mais dinâmico e fácil de entender. Por fim, aplicamos o design no documento, criando páginas mestre para agilizar no processo de aplicação do texto e organizando o layout final com o uso das ferramentas apropriadas. Ao seguir esses passos, você transforma um texto simples em um material visualmente atraente e didático. Incrível, não é?

Ao tornar palpável o que faz, fica simples explicar seu produto e trazer clareza para as pessoas a respeito das soluções que você oferece.

Essas explicações dos exemplos anteriores servem para ilustrar como ter um método permite que você tenha um direcionamento lógico para apresentar qualquer produto ou serviço. Entendo que nem sempre você consegue explicar tudo o que gostaria no seu método, mas o objetivo dele é **te dar o mínimo necessário para que o outro veja que com você terá o máximo de resultado.**

O método existe para te embasar, não para te limitar.

Agora é a sua vez! Pegue o seu CANVAS DO MÉTODO preenchido e crie a explicação do seu produto ou serviço.

Como valorizar o método?

Para aumentar a sua percepção do seu produto ou serviço, é necessário valorizar o seu método. E a melhor forma de fazer isso é apresentá-lo com um visual encantador.

Com o tempo, aprendi que um bom conteúdo, sem um bom visual, perde parte de seu valor. Veja o exemplo da psicóloga, onde aplicamos uma apresentação visual à altura:

CANVAS DO MÉTODO

Destino:

Diagnóstico para determinar tratamento psicológico.		
Produto: Consulta		
Caminho:		
Entender o estado presente	Mapear o passado	Desenhar o futuro
Rota:		
Mapear as queixas	Fazer perguntas	Definir metas
Mapear as dores	Entender o histórico	Resgatar sonhos
Mapear os sintomas	Identificar traumas	Alinhar rotina com o objetivo

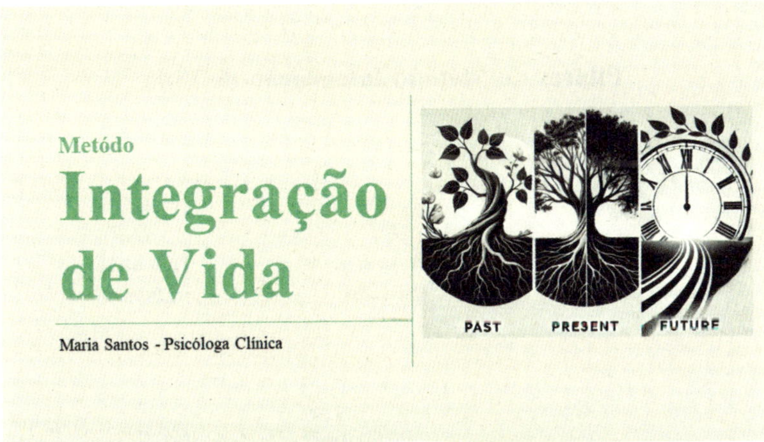
Método
Integração de Vida
Maria Santos - Psicóloga Clínica
PAST
PRESENT
FUTURE

Maria Santos!
Sou psicóloga clínica com mais de 10 anos de experiência em atendimento individual e familiar. Graduada em Psicologia pela Universidade de São Paulo (USP), possuo especialização em Terapia Cognitivo-Comportamental e vasta experiência em saúde mental, desenvolvimento emocional e traumas. Tenho como missão ajudar cada pessoa a compreender suas emoções, superar desafios e alcançar uma vida mais equilibrada e satisfatória. Minha abordagem é acolhedora e personalizada buscando sempre promover autoconhecimento e crescimento pessoal.

Método
Integração de Vida
O Método Integração de Vida é uma consulta diagnóstica focada em entender sua jornada como um todo. Através desse método, busco compreender seu estado presente, explorar as raízes do seu passado e traçar um caminho para o futuro que esteja alinhado aos seus objetivos e sonhos. Essa integração permite uma visão mais clara de quem você é, do que vivenciou e de onde quer chegar, proporcionando um plano personalizado para o tratamento mais adequado e uma vida mais equilibrada e satisfatória.

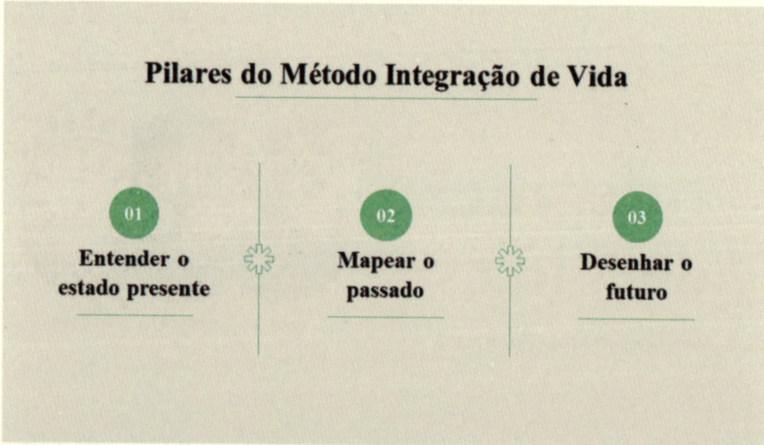
Pilares do Método Integração de Vida
01
Entender o estado presente
02
Mapear o passado
03
Desenhar o futuro

01
Entender o estado presente
Neste primeiro pilar, o objetivo é mapear e compreender profundamente o seu estado atual. Através dessa análise inicial, conseguimos ter um panorama claro dos desafios que você enfrenta hoje, estabelecendo uma base sólida para as próximas etapas do processo terapêutico. Para entender seu estado presente trabalhamos os seguintes passos:

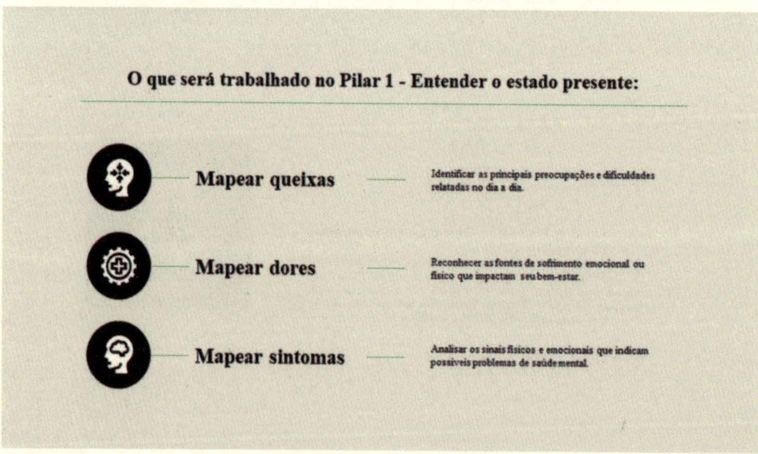
O que será trabalhado no Pilar 1 - Entender o estado presente:
Mapear queixas
Identificar as principais preocupações e dificuldades relatadas no dia a dia.
Mapear dores
Reconhecer as fontes de sofrimento emocional ou físico que impactam seu bem-estar.
Mapear sintomas
Analisar os sinais físicos e emocionais que indicam possíveis problemas de saúde mental.

02

Mapear o passado

Neste pilar, buscamos explorar as experiências passadas que moldaram quem você é hoje. Compreender essas vivências é essencial para reconhecer padrões, desenvolver insights e promover a cura necessária para seguir em frente. Para mapear o passado trabalhamos os seguintes passos:

O que será trabalhado no Pilar 2 - Mapear o passado:

- **Fazer perguntas** — Investigar aspectos importantes da sua história para obter uma visão clara.
- **Entender o histórico** — Compreender os eventos significativos que influenciaram seu desenvolvimento.
- **Identificar traumas** — Reconhecer experiências dolorosas que podem impactar sua vida atualmente.

03

Desenhar o futuro

Neste pilar, trabalhamos juntos para definir metas claras, resgatar sonhos e alinhar sua rotina com seus objetivos. A ideia é construir um plano de ação que torne seu futuro mais alinhado com quem você deseja se tornar, promovendo uma vida com propósito e realização. Para desenhar o futuro trabalhamos os seguintes passos:

O que será trabalhado no Pilar 3 - Desenhar o futuro:

Metas definidas — Estabelecer objetivos claros e alcançáveis para guiar seu progresso.

Sonhos resgatados — Reconectar-se com aspirações esquecidas que trazem significado à sua vida.

Rotina alinhada com objetivo — Ajustar hábitos diários para apoiar suas metas e promover crescimento.

Em resumo:

O Método Integração de Vida é uma jornada de autoconhecimento e transformação, que começa pela compreensão do seu presente, passa pela análise do seu passado e culmina no planejamento do seu futuro. Através deste processo, buscamos oferecer um diagnóstico completo e personalizado, permitindo que cada pessoa encontre o equilíbrio e as ferramentas necessárias para construir uma vida mais satisfatória e alinhada aos seus verdadeiros objetivos.

Estou aqui para ajudá-lo a integrar suas experiências e criar possibilidades que ressignifiquem sua trajetória.

"O poder da transformação nasce quando integramos nossas experiências e escolhemos criar as possibilidades que desejamos viver."

—Maria Santos

Vamos dar o primeiro passo juntos?

Entre em contato e comece hoje mesmo o processo de integração e autoconhecimento.

Instagram: @psimariasantos
E-mail: psimaria@gmail.com
Contato: +91 96517-3455

Pela importância de ter qualidade no projeto como um todo que na nossa empresa, fazemos o serviço do início ao fim, pois assim é possível garantir que a mensagem seja entregue em todas as esferas: conteúdo, fluidez da informação, apresentação visual e didática.

Para que você possa ter o seu método com os itens citados acima, acesse nosso template para você poder dispor o seu conteúdo, com fluidez e ter um visual bonito e didático. Isso é método.

ESCANEIE O QR CODE AO LADO E ACESSE O TEMPLATE DO CANVAS DO MÉTODO.

Agora que você tem o seu método aplicado e valorizado, conheça no próximo capítulo as estratégias para potencializar seus resultados e **GANHAR MAIS DINHEIRO COM SEU CONHECIMENTO.**

Se voce nao
direciona
o seu
conhecimento
de forma
adequada,
ele acaba
perdendo
o seu
potencial

"Não é sobre O QUE
você faz,
mas COMO faz.

Mari Coelho - @falamaismari

produto
melhor
lher o
Como e

Capítulo 6

COMO ESCOLHER O MELHOR PRODUTO

produto
melhor
Como

A escolha de um produto

Agora que você entendeu o que é método e que ele pode ser aplicado em várias frentes, precisa ter um entendimento do que VALE MAIS A PENA vender.

No início do livro, contei minha história e como vendia tudo o que sabia fazer: site, música, votos de casamento, livros, apostilas, cursos, plano de ensino, manifesto etc. Mas, com o passar do tempo, percebi que, para mim, não fazia sentido vender algumas dessas coisas.

> A mesma energia que eu colocava para criar um site, também colocava para criar um livro. E assim me surgiu a pergunta: por quais desses produtos as pessoas pagariam mais?

Comecei a entender que existem produtos que fazem mais sentido serem vendidos.

Conforme fui trabalhando com produtos, entendi quais tinham mais valor. Foi assim que escolhi ficar com apenas quatro: livros, apostilas, metodologias e *e-books*.

Apesar do e-book não ser meu produto preferido devido a sua complexidade em relação ao valor que as pessoas viam nele, ele era muito solicitado. Então transformei-o em algo diferente e modifiquei o seu nome para *"e-book capta lead"*, que era um material com a função de trazer possíveis clientes para um negócio.

Entendi que as pessoas usavam muito o *e-book* para captar novos clientes, então quando mudei o nome do produto, pararam de ver o que eu fazia como um *"e-book"* e começaram a ver aquilo como investimento.

Essa é uma ótima estratégia: adaptar o nome de produtos faz eles valerem mais.

Outra coisa que percebi foi que, quando alguém compra um *e-book*, não está se importando com seu tamanho, a pessoa quer apenas o resultado que ele oferece. Logo, não vai fazer diferença se o *e-book* tiver 20 ou 100 páginas, o que ele precisa é entregar a mensagem que prometeu. Com isso, além de mudar o nome do produto de *e-book* para *"e-book capta lead"*, também mexi no tamanho, definindo que ele teria apenas 20 páginas.

Com esses ajustes, pude cobrar um preço justo, manter um trabalho de excelência e deixar meu cliente feliz. Todo mundo saiu ganhando.

Relação de custo e benefício

Comecei minha empresa sem fazer nenhum investimento financeiro direto. Eu vendia para depois ganhar. Quando comecei a contratar pessoas para trabalhar comigo, conectava o pagamento com o recebimento; dessa forma, não precisava me preocupar com o caixa, que no começo não existia.

Por ser uma pessoa da área de exatas, faço conta o tempo todo. Tudo que invisto, foco no retorno e não faço nenhum investimento sem ter o mínimo de segurança ou condição para correr o risco.

Certa vez, desenhei um produto que seria uma imersão presencial de dois dias sobre método. Após desenhar, fui fazer o teste, o que chamamos de MVP*.

**MVP (Minimum Viable Product - Produto Mínimo Viável, em português). É um conceito utilizado no desenvolvimento de produtos, especialmente em startups e metodologias ágeis, para testar uma ideia de forma rápida e eficiente com o menor esforço e custo possível.*

O objetivo era saber se o retorno *versus* o investimento fazia sentido para aquele produto. Defini as diretrizes, coloquei alunos de variados setores, tinha na turma desde especialista de motor de caminhão até quem escalou a base do Everest. A ideia de misturar setores era para saber se o produto estaria validado em diferentes áreas.

Tivemos o total de 27 pessoas e foram dois dias incríveis e nota 10 de NPS* como resultado.

**NPS significa Net Promoter Score, ou Índice Líquido de Promotores, uma métrica usada para medir a lealdade e satisfação dos clientes em relação a uma empresa, produto ou serviço.*

Meu objetivo era medir a dificuldade em vender o produto, o custo de execução e como as pessoas o aceitariam. Para vender, entendi que precisaria de uma abordagem intimista, porque era um produto que não se vende apenas com um site, alguém teria que conversar com os interessados, devido ao seu ticket.

O custo de produção não é baixo, mesmo na versão MVP, pois tem aluguel de espaço, material didático, café da tarde, água, filmagem, foto, pessoas extras para trabalhar no dia, etc.

Após analisar tudo, percebi que, apesar do produto ser muito bom e ter me dado lucro, o valor que ganhei em cada um dos dias não justificava o esforço. Não era simplesmente chegar lá e entregar o treinamento, tinha um trabalho prévio a ser feito, e se eu gastasse a mesma energia para oferecer outros serviços que tinham um valor mais agregado eu teria o mesmo trabalho e um resultado muito maior.

Após essas análises, decidi pivotar o produto devido à relação custo-benefício, considerando o retorno esperado em comparação ao tempo que seria necessário investir.

Analisando todos os pontos "negativos" do produto anterior, criei um produto similar, uma imersão de apenas um dia dentro do meu escritório. Minimizei o custo do espaço e tornei o produto mais intimista, cobrei o dobro do preço da imersão anterior, mas agora com um grupo seleto e em um ambiente controlado. Naquele momento, fazia mais sentido acabar com o produto da imersão de dois dias e reestruturá-lo de uma outra forma.

Dentro das possibilidades que você tem e das coisas que você sabe fazer, o que faz mais sentido continuar fazendo?

Dentro das coisas que você sabe fazer, dos recursos e acessos que tem, qual o produto que faz mais sentido você criar?

Um dia, um amigo me pediu ajuda para lançar sua mentoria online. Como ele tinha uma boa rede de contatos e conhecia muitas pessoas influentes, sugeri que começasse com uma mentoria presencial. Com as conexões que ele já possuía, seria fácil preencher as vagas de uma turma.

Para reforçar minha sugestão, expliquei o seguinte: se você vender 10 vagas a R$ 10.000,00 cada, alcançará um faturamento de R$ 100.000,00. Esse é um ticket bastante aceitável para uma mentoria presencial, considerando a exclusividade e o valor da experiência. Já no online, como você está começando, se cobrar R$ 1.000,00 por vaga, precisará vender para 100 pessoas para alcançar o mesmo faturamento. Então, perguntei: o que você acha que seria mais fácil para você realizar neste momento?

No caso dele, pela internet precisaria começar a fazer um trabalho de construção de imagem, e no offline isso não precisaria acontecer. Ele já tinha pessoas que confiavam no seu trabalho para oferecer e vender seu produto de maneira presencial.

Eu não estava falando para ele não construir uma imagem online, mas para ele fazer o que era mais fácil naquele momento.

Tudo vai depender do que você tem em mãos. Se você conhece pessoas e acredita que vender no presencial seja mais fácil, faça isso. Se já tem uma relevância online e acredita que esse é o melhor caminho, faça isso. Só não faça aquilo que você não sabe apenas porque alguém te mandou fazer.

Um outro exemplo é de uma cliente que veio de fora do Brasil para construir seu método de consultoria comigo. Eu sou muito preocupada com o retorno que a pessoa tem do investimento que faz nos nossos produtos. Dessa forma, fizemos um cálculo de quanto que ela precisaria vender para recuperar seu investimento. Sua ideia inicial era criar um grupo de alunos, sugeri então que ela oferecesse uma consultoria individual de 1 dia do produto para empresas, pois se vendesse 3 já recuperaria o investimento feito, enquanto na imersão em grupo ela precisaria de pelo menos 70 alunos e realizar 2 turmas.

Não é sobre escolher um e eliminar o outro, mas ter a cabeça voltada para custo e benefício e saber analisar cada situação para te gerar o melhor resultado.

Se você não tiver clareza sobre custo e benefício, pode criar um produto que, apesar de incrível, não te dará um bom resultado financeiro. Por exemplo, por mais que eu ame fazer poesias, isso é algo que eu deixei de fazer como produto, embora eu ainda escreva, faça minhas reflexões, frases e presenteie meus clientes.

Eu mantive as coisas que faziam sentido financeiramente e tirei as que não faziam, colocando-as de outra maneira.

Lembra do *e-book*? Depois de algum tempo, por mais que tivesse criado toda aquela estratégia do ***e-book capta lead,*** já não estava mais fazendo sentido oferecê-lo. Comecei a orientar os clientes a utilizarem o primeiro capítulo dos livros para a função do ***e-book capta lead.***

Isso significa que não vendo mais esse produto? Não, mas não o ofereço. Se um cliente pede, eu faço, mas não é um produto que está na minha esteira de produtos, devido seu custo-benefício.

Você precisa estar o tempo todo revisitando seus produtos com um olhar voltado para custo-benefício. As coisas mudam o tempo todo, inclusive o seu humor, e o custo-benefício também está ligado ao quanto você gosta de fazer aquilo.

Eu tinha um produto chamado "Fala menos, Mari", no qual me reunia com um cliente e simulávamos a gravação de um podcast para ele contar sua história e utilizar esse conteúdo para o livro. Eu fiz algumas vezes, mas percebi que aquele produto me cansava mais do que ficar o dia todo construindo um método.

Continuei oferecendo este produto em um formato diferente, e hoje não é algo feito por mim, e sim pelo meu time. Entendi que, independente do quanto as pessoas me paguem, neste serviço estou fora da minha zona de talento.

Revisite seus produtos o tempo todo e avalie custo-benefício; isso é essencial para crescer.

Qual o melhor produto?

Com minha prática, entendi que **o melhor produto é aquele que você consegue fazer sem precisar de ninguém.** Se você sabe fazer um brigadeiro, um bolo, desenhar..., esse será seu melhor produto porque você consegue fazer sozinho.

O melhor produto é aquele que você consegue fazer sem precisar de outra pessoa, aquele que você pode oferecer agora sem precisar da ajuda de ninguém.

Uma outra coisa que defendo é que não existe mercado saturado, mas sim um produto mal informado. Imagine que você seja um nutricionista e esteja com uma paciente que quer emagrecer. Existem diversos nutricionistas que fazem isso, mas nenhum deles tem a sua história, o seu olhar, o seu jeito de tratar aquela paciente.

Esses dias uma amiga comentou que ensinou no Instagram como fazer uma tapioca, algo que ela faz todos os dias. As pessoas adoraram e começaram a pedir mais receitas. Como ela faz isso todo dia, é algo normal para ela, mas para quem não sabe, é a solução que precisava.

Comece a observar e olhar para lados diferentes. Olhe para o digital, para o presencial, para o que as pessoas NÃO estão fazendo.

Quando eu comecei, decidi subir o nível do mercado por meio da educação. Observei a qualidade dos materiais da época e comecei a ver como as pessoas os faziam. Uma coisa que me chamou a atenção foi escutar muitas pessoas falando que as editoras lhes diziam que a história delas não venderia.

Não sei se isso também acontece com você, mas quando eu sei que tenho que fazer alguma coisa parece que aquilo fica ecoando em mim. Eu decidi subir o nível do mercado porque achava um absurdo alguém falar que a história do outro não vende. O mesmo livro que eu posso amar, outro pode detestar, pois o conhecimento só é bom para quem precisa dele.

Não acredito que exista história boa ou ruim, o que existe é história mal contada.

Para subir o nível do mercado, comecei oferecendo produtos que eu conseguia fazer sem depender de ninguém e de acordo com aquilo que acreditava.

Quando eu comecei, ouvi de pessoas que ninguém se interessaria pelo meu produto, que o mercado visava apenas o lucro e não fariam investimentos em materiais. Eu apenas ignorei, pois sabia que iria vender meu trabalho, eu tinha uma narrativa, uma história para contar e muitos motivos para o outro comprar. Se você acredita no seu produto, não tem como não vender.

Você precisa criar uma narrativa e uma história para o seu produto.

Ao abordar um cliente, perguntava como ele ganhava dinheiro. Se ele me respondesse que era através de cursos, eu perguntava o que era mais importante para ele: o lucro dos cursos ou o aluno consumidor do curso? Naturalmente, ele respondia que o aluno era o mais importante. A partir daí, eu mostrava que, se o aluno é o bem mais valioso que ele tem, era essencial cuidar dele com atenção e entregar um material de qualidade.

Só então eu oferecia meu produto: um material de qualidade que gera autoridade e posicionamento. Fazia-o imaginar uma imersão em que o aluno percebesse que o mentor se preocupou em criar um material especialmente para ele. Isso aumenta a confiança do aluno no mentor, porque o cérebro do aluno reconhece o zelo e o cuidado. E, quando o mentor oferecer outro produto, o aluno estará mais inclinado a comprar, porque vê o quanto o mentor se dedica em cada detalhe.

Dessa forma eu construí uma narrativa para o meu produto. Não era uma narrativa falsa, mas sim uma narrativa baseada no que eu defendo. E fiz o mesmo com o livro.

Eu não chegava em uma pessoa e falava: "Vamos fazer um livro?", pois isso não fazia nenhum sentido. Como gosto muito de conversar e conhecer histórias, eu chegava na pessoa, ouvia um pouco sobre ela, e com isso eu podia mostrar claramente que a história dela era incrível e poderia ser colocada dentro de um livro.

E isso também não é mentira, porque eu, de fato, acredito que TODO MUNDO tem algo incrível dentro de si e que PRECISA SER COLOCADO NO MUNDO. E quando o outro não sabe como fazer isso, eu mostro o caminho: que com apenas cinco horas de conteúdo falado é possível fazer um livro. Ou seja, não precisa escrever, mas falar o próprio livro e deixar a sua história registrada no mundo. E assim eu ia construindo narrativas atrás de narrativas para fazer as pessoas entenderem o valor do produto que ofereço.

Uma outra narrativa que eu defendo é que todo mundo precisa ter um livro com a foto na capa, e nisso eu vou totalmente contra o sistema, que fala que livro com foto na capa não vende. A prova de que isso é mentira é que você está com meu livro em mãos, com a minha foto na capa.

Costumo brincar com o cliente e pedir para ele imaginar a seguinte situação: suponha que você tenha um inimigo e esta pessoa ganhe o seu livro com sua foto na capa. Ele não vai ter coragem de jogar no lixo, pois não se faz isso com um livro. Um livro é uma obra de arte. Se ele não gostar de você, o máximo que irá fazer é dar o livro para outra pessoa.

Todos esses exemplos que apresentei são formas de criar narrativas para explicar o seu produto de maneira que faça sentido para o outro.

Tenho uma amiga que é especialista em vendas e certo dia ouvi uma história de quando ela e outra pessoa foram vender um álbum de figurinhas por R$ 5,00. Ela conta que cada um saiu com uma quantia para um lado da rua e, quando voltaram, ela havia vendido todos os álbuns e a outra pessoa não havia vendido nenhuma. Quando ela questionou o que havia acontecido por não ter vendido nada, a outra pessoa explicou que apenas abordava os outros na rua e perguntava se queriam comprar o álbum.

Enquanto ela, na hora da venda, contava uma história, perguntava se a pessoa tinha filho, se ele gostava de pintar e se ele ficaria feliz de receber um álbum. Ao dar sentido para o produto, você faz o outro comprar.

Atenção: você precisa acreditar no que vende. Não se cria uma narrativa de algo que é mentira.

A narrativa você cria para comunicar, não para enganar.

Existem várias maneiras de construir uma narrativa, vou te mostrar aqui um modelo para você criar a sua.

Passo 1: Crie uma conexão

Passo 2: Mostre um problema

Passo 3: Faça o outro imaginar a solução

Passo 4: Ofereça seus serviços

A seguir, vou aplicar alguns exemplos dentro dessa estrutura de construção de narrativa para vender seu método.

EXEMPLO 1

MÉTODO DE CONSTRUÇÃO DE NARRATIVAS		
Passo 1	Crie uma conexão	"Olá, você tem filhos?"
Passo 2	Mostre um problema	"Eles gostam de pintar?"
Passo 3	Faça o outro imaginar a solução	"Eles ficariam felizes de você chegar em casa com um álbum para eles?"
Passo 4	Ofereça seus serviços	"Estou com dois álbuns aqui, que tal gerar esse carinho para eles?"

EXEMPLO 2

MÉTODO DE CONSTRUÇÃO DE NARRATIVAS		
Passo 1	Crie uma conexão	"Você é mentor né? Eu dei aula 16 anos."
Passo 2	Mostre um problema	"Você ganha dinheiro com seus alunos, correto?"
Passo 3	Faça o outro imaginar a solução	"Você acha que eles ficariam felizes em ter um material seu, compilando tudo que ensina a eles?"
Passo 4	Ofereça seus serviços	"Consigo transformar a gravação do seu curso em um material encantador."

Agora é a sua vez, construa a narrativa PARA OFERECER seu método.

MÉTODO DE CONSTRUÇÃO DE NARRATIVAS		
Passo 1	Crie uma conexão	
Passo 2	Mostre um problema	
Passo 3	Faça o outro imaginar a solução	
Passo 4	Ofereça seus serviços	

O melhor produto é aquele que você pode oferecer agora sem ajuda de ninguém. Comece com o que conseguir fazer sozinho

“

As pessoas precisam enxergar o seu valor, antes de você dar o seu preço.

Mari Coelho - @falamaismari

Capítulo 7

DEGUSTAÇÃO

Existe um jeito prático de você testar o seu produto e a narrativa que foi criada, e chamo isso de degustação.

Escolhi este nome porque, quando você vai testar um produto, é preciso que as pessoas desfrutem dele. Por mais que você já trabalhe com isso e tenha seus clientes, é importante sempre fazer uma degustação.

Muitas pessoas dizem que sou bem conectada, que conheço muita gente. Acredito que teve uma pitada do céu, mas tem um trabalho árduo por trás do meu resultado. E agora vou ensinar para você o que eu fiz para alcançá-lo e tudo isso começa fazendo uma degustação.

Quando comecei a trabalhar, fiz uma lista de dez pessoas que eu ofereceria meu serviço. Escolhi essas pessoas porque, para o trabalho que eu ia fazer, iria demandar que eu me "alimentasse" do conteúdo delas, então, tinha que ser alguém de quem eu gostasse.

Peguei um vídeo de dois a cinco minutos de cada uma dessas pessoas, apliquei minha técnica de transcrição personalizada – na época eu chamava meu método de técnica – e mandei mensagem para elas com o que havia feito da seguinte forma:

Olá, como você está? Meu nome é Mari Coelho, você não me conhece, eu desenvolvi uma técnica de transcrição personalizada, onde transformo a linguagem falada em escrita e tomei a liberdade de pegar um vídeo e aplicar a técnica. Estou te dando de presente, caso queira usar. Caso queira saber mais do meu serviço, estou à disposição.

De dez pessoas, duas responderam; dessas duas, uma fechou. Isso quer dizer que eu trabalhei à toa? Não, você nunca trabalha à toa, porque você não trabalha para os outros e sim para você mesmo. Eu defendo uma tese que é assim:

> **Você não tem que esperar um trabalho para começar a trabalhar, você tem que começar a trabalhar para ter um trabalho.**

Isso precisa se tornar um hábito na sua vida; se você criar esse hábito, nunca ficará sem trabalho. Você sempre terá coisas para fazer e jamais vai diminuir sua frequência. Esse é um hábito que tenho na minha empresa.

Gosto de usar a história do *e-book* que fizemos para o Hyeser como exemplo de degustação. Eu estava assistindo aos stories dele e percebi que tinha uma sequência bem legal que daria para ser transformada em um *e-book*. Tirei print dos stories e mandei para a Dani, que faz parte do meu time, e pedi para ela transcrever.

Quando recebi a transcrição, fiz um trabalho editorial no texto, coloquei o título **O Segredo dos Stories,** que tinha relação com o conteúdo, e fui atrás de um ilustrador indicado pelo Hyeser em outra situação. Como eu sabia que as artes dele eram diferentes, eu precisava de um profissional à altura. O que eu não sabia era que na semana seguinte ele teria um lançamento cujo nome era **O Segredo.** Quando enviei o presente, ele ficou espantado querendo saber como que eu sabia do lançamento, porque os nomes tinham tudo a ver. Sabe o que eu respondi: Tenho método!

> O conceito de trabalhar para ter um trabalho se trata de você antecipar as necessidades dos seus possíveis clientes.

Você pode fazer a degustação de uma parte dos seus serviços ou a degustação completa. No começo, quando eu ainda não podia investir, fazia as degustações com as coisas que eu conseguia fazer sozinha. É importante você entender isso. Em algumas situações, você pode negociar trocas de serviços com parceiros que irão agregar na sua degustação. No meu caso, o presente que fiz para o Hyeser me rendeu bons frutos, porque a pessoa que eu contratei para fazer a arte do *e-book* dele foi o Lyra, que acabou virando meu amigo, já fez outros projetos para meus clientes e até pintou a parede do nosso escritório.

Quando o seu foco é servir uma pessoa, você acaba se conectando com outra e tendo trocas significativas com elas.

Eu costumo falar que meu estilo de vida é servir. E nesse servir eu quero te contar como conheci o Joel Jota. Eu estava trabalhando em um projeto para o João Kepler, que estava sendo conduzido por seu filho, Theo. Fui contratada para desenvolver o plano de ensino de um curso, utilizando como base o livro dele. Esse era o trabalho.

Embora meu foco fosse essa tarefa específica, sou uma pessoa naturalmente prestativa e sempre me disponho a ajudar. Durante o projeto, eles estavam também desenvolvendo um site e outras coisas, e, como criei uma boa amizade com o Theo, ele frequentemente pedia minha opinião. Eu o ajudava a melhorar textos ou dava sugestões; como escrevo poesias, criar ou aprimorar textos é algo simples para mim. Em resumo, gerei tanto valor ao Theo que ele não parava de falar de mim.

Na época, o Grupo Primo estava dentro da XP, e o Kepler e o Theo estavam sempre lá, mencionando meu nome: "Mari fez isso", "Mari me ajudou", "Olha o que a Mari fez", "Mari", "Mari", "Mari". Um dia, fui até lá para participar de um lançamento, porque sempre que possível, eu me fazia presente — o que, por sinal, é muito importante. Quando cheguei, o Joel Jota me parou e perguntou se eu era a Mari de quem o Theo falava.

> Você precisa servir tanto as pessoas para que elas lembrem de você até quando você não está presente.

Eu tenho essa prática, e às vezes até me sinto mal por não conseguir fazer tanto quanto gostaria. Porque, para mim, o servir é algo natural, é de coração mesmo. Aqui na empresa, temos até uma lista de projetos de degustação para executar, porque acredito que isso é muito importante. Essas degustações ajudam na criatividade, permitem testar novos produtos entre outras finalidades. Essa prática é essencial para o desenvolvimento e inovação.

Degustação na prática

Agora que você entendeu o poder da degustação, chegou a hora de aprender na prática como fazer a sua.

Importante: saiba escolher para quem oferecer a sua degustação, para não descartar um produto incrível só porque testou com a pessoa errada.

Existem clientes que são mais fáceis de lidar e outros que são mais difíceis e está tudo bem, não tem certo ou errado, cada pessoa tem o seu jeito, sua profundidade e cada caso é um caso. O ponto é: toda vez que for fazer uma degustação, busque fazer com pessoas que são mais fáceis de lidar, pois assim você consegue ter uma visão se aquilo funciona para você e como melhorar para as pessoas que exigirão mais de você.

Passo 1:

Escreva qual serviço vai oferecer e como irá fazer. Explique como será sua degustação:

Passo 2:

Faça uma lista com dez clientes para quem irá oferecer o serviço – escreva o nome, nível de intimidade e se já prestou algum serviço para essa pessoa.

Nome	Nível de intimidade: baixa/média/alta	Já prestou algum serviço? Sim ou não

Passo 3:

Como o serviço será realizado? Escreva como será seu processo de entrega. Como irá coletar as informações necessárias de cada cliente para executar o serviço?

Nome	Qual serviço irá realizar	Como coletar as informações necessárias

Passo 4:

Abordagem – escreva como será a mensagem que será enviada ao cliente. Lembre-se de adaptar para cada ambiente.

Olá, como você está? Trabalho com _________ e tenho uma metodologia diferenciada onde consigo _________. Já trabalhei com _________ e faço _______ .

Atuo na área há _________ anos e faço _________.

Admiro muito seu trabalho e quero te presentear com ________________________. Espero que goste.

Segue o arquivo/link...

Grande abraço.

Fico à disposição.

ACESSE O QRCODE AO LADO
E COPIE ESTE TEXTO DO PASSO 4:

DEGUSTAÇÃO GRATUITA OU PAGA?

Existem dois tipos de degustação: a degustação gratuita, como no exemplo que apresentei quando abordei as pessoas no Instagram, e a degustação paga, que é quando você cria um produto e quer validá-lo, cobrando um valor menor para perceber se faz sentido ou não.

Por exemplo, minha imersão "O Poder do Método" foi uma degustação paga. Criei um produto que valia muito mais do que o preço cobrado, e embora não fosse barato, serviu como um teste para aquilo que eu estava desenvolvendo. Durante a imersão, realizei outras ações e pude validar o funcionamento do produto. No entanto, percebi que o modelo talvez não fizesse sentido para o meu negócio, e por isso, acabei pivotando o produto.

O objetivo da degustação é fazer um MVP, testar um novo negócio, um novo segmento dentro do mínimo custo possível.

Por exemplo, para fazer um MVP de um bolo, você deve pensar no sabor, quais ingredientes você tem em casa; Se você for vender sapatos, não precisa inicialmente de um espaço físico, em vez disso, é possível criar uma loja online, ou ir até o cliente.

Pense no seu produto, nas condições que você tem e dentro dessas condições qual é o mínimo que pode fazer para o máximo de resultado?

Quanto mais testado for seu produto, melhor ele ficará, até porque não faz sentido nenhum que ele esteja amanhã pior do que é hoje. Além disso, você também pode fazer a degustação de apenas uma parte do seu produto. Pegando o meu caso como exemplo, se eu vou escrever um livro, mostro para o cliente em potencial um primeiro capítulo.

A degustação precisa servir para gerar desejo e mostrar para a pessoa que ela precisa adquirir o seu produto.

Eu consigo fazer a estrutura de um livro apenas com o bloco de notas do celular, então eu uso muito isso como degustação. Quando estou em grupos de mentorias, festas, restaurantes, e a pessoa começa a falar para mim que ela não tem conteúdo suficiente para escrever um livro, eu começo a fazer perguntas rápidas e em menos de cinco minutos, com as respostas que ela me deu, entrego a estrutura do livro dela. Dessa forma, eu mostro que é possível, que tem um jeito de fazer e que é mais simples do que ela imagina.

Claro que essa degustação é feita de maneira mais rápida, mas ela cumpre seu propósito. Alguns clientes, por exemplo, utilizam essa estrutura para fazer seus livros. Por isso, é essencial manter esse pensamento de degustação em mente. Assim, você estará sempre atraindo clientes e não precisará se preocupar nos meses que o fluxo de vendas for menor.

Esforço x Resultado

Todas as vezes que for fazer uma degustação, você precisa ter noção de quanto esforço aplicou para realizar aquilo. Essa informação é importante para você precificar o seu produto no próximo capítulo.

Entre as coisas que você vende, existem aquelas que fazem mais sentido vender, e só é possível identificar isso fazendo uma degustação.

A degustação também é um jeito de você comprar cases; você pode oferecer um serviço de maneira gratuita para alguém relevante da área para tê-lo em sua cartela de clientes.

> Você mira no cliente da degustação e acerta outras pessoas também. O ato de servir vai te dar retorno.

Apenas fique atento com a abordagem. Não se deve oferecer algo gratuito para alguém que não pediu; você precisa chegar com a ideia já executada. Imagine a cena: "Olá, fulano, como você está? Que tal você permitir que eu te faça gratuitamente um serviço que você não me pediu?".

Estranho, né? Mas você pode abordar explicando o que faz e se colocando à disposição para possíveis parcerias. Sempre que possível, aborde com a entrega e não com o pedido. É importante já chegar com a solução.

Como citei, o objetivo da degustação é fazer você medir seu esforço e mensurar a profundidade daquele negócio; descobrir quais são os desgastes energéticos para você poder precificar aquele produto.

Eu sou uma pessoa criativa, gosto de criar o tempo todo. Então, por exemplo, o serviço de entrevista, como falei anteriormente, não fazia sentido para mim. Por mais que eu adore ouvir as histórias, é algo que foge muito da minha essência e me desgasta mais do que o normal. A degustação vem para você validar, melhorar, mensurar e potencializar o seu produto.

Lembre-se: você trabalha para si mesmo, então, quanto mais testes fizer, melhor será naquilo que vai vender.

A degustação precisa servir para gerar desejo e mostrar para a pessoa que ela precisa adquirir o seu produto

“Você não foi feito para viver embaixo de teto, e a prova disso é que vivemos sob o céu.

Mari Coelho - @falamaismari

Capítulo 8

PRECIFICAÇÃO

Nós vivemos sob o céu

O que vou ensinar neste capítulo é um talento que tenho e nunca havia percebido até começar a ensinar para as pessoas. Antes, preciso te contar a história de como tudo começou. Quando eu estava na fase de transição, em 2019, lembro de um dia que pedi para Deus me revelar o que estava me bloqueando, me atrapalhando de ter resultado. E Ele me lembrou do seguinte momento: eu tinha entre meus 18 e 20 anos de idade e o meu pai, que era vendedor de carros, queria muito que eu gostasse de automóveis, mas eu nunca liguei para isso. Tanto que até hoje eu não sei diferenciar a Lamborghini da Ferrari. Ele ficava me mostrando como eram os carros, mas eu não ligava; não fazia por mal, apenas não me interessava por aquele assunto.

Até que em um belo dia, ele me levou em uma concessionária para o lançamento da nova Hilux. A cor do carro era um branco perolado lindo e meu pai me convidou para entrar naquele carro. Naquela época já dirigia, quando entrei, pensei: "Eu quero esse carro". Logo, perguntei ao meu pai quanto eu teria que ganhar por mês para ter aquela Hilux e ele me respondeu: "Em torno de R$ 5.000,00".

Coloquei no meu inconsciente um teto do quanto precisaria ganhar para ter aquele carro. O problema é que aquele valor não era o suficiente para ter uma Hilux, e como eu tinha colocado aquele "teto" inconsciente, não importava o quanto eu trabalhasse, não conseguia passar dos R$ 5.000,00. Lembro que teve um ano que eu era concursada em três lugares, tinha um bom salário, mas houve um erro no meu pagamento e não consegui receber. E quando Deus me lembrou dessa história, Ele me revelou a seguinte frase:

"Não fomos feitos para viver embaixo de teto e a prova disso é que vivemos sob o céu".

E sabe por que está escrito "sob" e não "sobre"? Porque o sob significa que vivemos sob a proteção do céu, que somos seres ilimitados.

Se olharmos para o céu em um lugar aberto, vemos que ele não tem fim. Da mesma forma, nosso conhecimento é ilimitado. No entanto, precisamos estabelecer uma meta, um valor, para podermos focar e mirar nele.

Todo mundo tem um preço dentro de si para qualquer serviço que vai oferecer. E se você não consegue cobrar este valor, é porque existe algo aí dentro que está te impedindo.

Se, ao ser questionado sobre o valor que cobraria para fazer algo, você responde que não imagina, isso é uma mentira, porque todo mundo tem um valor. A verdade é que você não tem coragem de falar o valor que quer cobrar, pois no fundo pensa que o outro poderia oferecer um valor maior do que você pediria.

Todo mundo tem um valor dentro de si, aliás todo mundo tem três valores para cada coisa que vai fazer: um valor baixo, um valor médio e um valor alto.

Comecei a entender que temos esse valor, e foi a partir dessa compreensão que consegui precificar meus serviços e, com o tempo, aumentar o valor que cobro.

Ninguém quer perder tempo

Depois que eu aprendi a precificar o meu trabalho, percebi que as pessoas não ligam de gastar dinheiro, mas ligam de perder tempo. Por isso, quando for montar um produto, é necessário focar no mínimo de tempo que vai fazer aquilo para gerar o máximo de resultado.

> Para ter mais resultado, você tem que gerar mais resultado.

Em tudo o que você faz, o seu foco precisa estar no outro, não em si mesmo. Acredito que sempre vamos ser recompensados pelo resultado que geramos no outro, mesmo que não seja de forma monetária.

Hoje tenho produto que sou contratada para fazer em um dia, porque quem me contrata não tem tempo a perder. O cliente me paga para resolver um problema da sua vida em um dia e sente que vale a pena investir nisso.

Quanto mais ágil você for, melhor a sua solução. Quanto melhor a sua solução, mais caro você cobra.

Já vi pessoas estenderem o seu produto para justificar o preço, sendo que isso não faz nenhum sentido. Me responda a seguinte pergunta:

Você prefere fazer o seu método em um ano, em um mês ou em um dia?

Não temos tempo para perder e quanto mais rápido você puder fazer, melhor. Isso é um pensamento meu, e em tudo o que vou fazer, tento metrificar o mínimo de tempo que levo para realizar. Por exemplo, quando vou contratar um designer e ele vai realizar uma atividade que já faz, eu faço a seguinte pergunta: quanto tempo você demoraria para fazer o design de um livro de 150 páginas?

Se ele me responde: "Em quinze dias", eu mudo a pergunta para: "Imagine que você não está fazendo nada, apenas a tarefa que te passei, quanto tempo você demoraria?".

Se ele me responde que seriam os mesmos quinze dias é porque ele não sabe metrificar seu tempo. Se eu estou perguntando quanto tempo ele levaria para entregar o trabalho estando focado apenas nele, eu quero escutar uma resposta como "um dia, dois dias", e não "quinze dias".

Não saber medir o tempo que você leva para realizar algo irá te prejudicar na hora de definir um bom preço.

Você não saberá quando aceitar um cliente mais urgente ou quais serviços protelar um pouco quando aparecer uma ótima oportunidade.

Pilares da precificação

A RODA A.E.I.O.U DO PRODUTO

Existem cinco pilares essenciais para um produto, que te permitem cobrar cada vez mais por ele. Esses pilares compõem a Roda A.E.I.O.U, uma ferramenta poderosa que pode te ajudar a cobrar, no mínimo, cinco vezes mais pelo seu produto. Ela é composta por cinco itens fundamentais: agilidade, excelência, inovação, organização e utilidade.

AGILIDADE | EXCELÊNCIA | INOVAÇÃO

ORGANIZAÇÃO | UTILIDADE

Agilidade:

Ser ágil não significa ser rápido, mas oferecer algo que faça a pessoa ganhar tempo. Quando você vende um produto, precisa vender mais do que apenas o produto em si — você precisa vender tempo, porque é disso que as pessoas realmente precisam.

Uma maneira eficaz de ser ágil é antecipar dores e necessidades, como fiz quando entreguei o *e-book* do Hyeser. Eu antecipei um desejo dele: ter um material pronto para a divulgação do seu lançamento. Ao fazer isso, ele passou a me ver como alguém capaz de produzir um material em um dia.

Na realidade, eu levei quinze dias para produzir o *e-book,* mas porque antecipei a entrega, na mente dele parecia que eu havia feito de um dia para o outro.

> Antecipar é uma excelente forma de demonstrar agilidade.

Por exemplo, aqui na empresa, quando tenho um projeto urgente, entro em contato com a gráfica e reservo espaço na máquina para impressão, para enviar quando o material estiver pronto. Isso me faz ganhar tempo, tanto para o cliente quanto para mim. Essa agilidade é importante externa e internamente.

Portanto, agilidade significa ajudar a ganhar tempo.

Excelência:

Não adianta ser ágil sem ser excelente. Uma vez, o Joel me disse que eu havia lhe mostrado que era possível ser rápida sem perder a qualidade. Afinal, ninguém quer algo malfeito ou de qualquer jeito.

É importante entender que a excelência é relativa para cada pessoa, pois está ligada ao excesso da essência de cada um. A excelência de um produto está intimamente ligada à singularidade de quem o criou.

Vou te dar um exemplo: para mim, é fundamental que, nas minhas imersões, haja um bom café, comida saborosa, água gelada e materiais de qualidade. Esses são valores importantes para mim. Já participei de imersões que não ofereciam café, água ou materiais, e isso não significa que eu seja melhor do que as pessoas que organizaram essas imersões, mas sim que, para mim, esses detalhes são essenciais, enquanto para elas, talvez não sejam. E está tudo bem.

Portanto, você precisa olhar para sua própria excelência e identificar o que é importante para você e como você pode melhorar continuamente. As pessoas vão te escolher não apenas pelo que você faz, mas pelo jeito que você faz, pelo que você valoriza.

Excelência é o excesso de essência.

Sempre coloque sua essência naquilo que faz, porque quando você excede sua essência, atinge a excelência. Busque tratar bem, ter qualidade e zelo em tudo o que oferece.

Por muito tempo, foquei no produto, acreditando que a excelência estava em ter um bom produto. Com o tempo, percebi que precisava oferecer também uma boa experiência. Antes eu pensava que isso não era importante, mas com o tempo entendi que as pessoas valorizam essas coisas, então comecei a adicioná-las. A busca pela excelência deve ser contínua.

Você precisa sempre buscar maneiras de fazer as coisas de forma ainda melhor. Se você não focar constantemente em melhorar, corre o risco de perder a qualidade do seu trabalho.

No mercado de chocolates, por exemplo, vemos marcas que diminuem a quantidade de cacau, o que pode indicar que o valor da empresa está mais no preço do que no sabor do chocolate.

Inovação:

Você precisa ser inovador e sempre buscar maneiras de inovar, tanto para si mesmo quanto para seus clientes. Mas é importante lembrar que tudo o que é novo pode assustar. Na verdade, a inovação é uma forma de implementar uma ideia.

Sempre que for inovar, não basta apenas ter uma ideia: você precisa mostrar o projeto completo; caso contrário, pode parecer apenas coisa da sua cabeça.

Toda ideia é boa, desde que seja executada. Não adianta ser criativo ou ter várias ideias se você não as coloca em prática.

A inovação é a junção da ideia com a execução; é aí que você realmente inova. Criatividade não é necessariamente criar algo totalmente novo, mas sim combinar duas coisas existentes para criar algo diferente. Eu chamo essa criatividade de "conectividade."

Vou dar um exemplo: quando comecei a trabalhar, inovei ao criar livros falando em vez de escrevendo. Também introduzi uma diagramação diferente, um jeito mais simples e fácil de apresentar o conteúdo. Realizo imersões de um dia, enquanto a maioria das imersões dura três dias. Isso é uma forma de inovar.

Inovar para o cliente significa oferecer soluções criativas.

Por exemplo, se um cliente precisa vender um livro que ainda não está pronto, eu sugiro criar um mockup do livro e tirar fotos com as pessoas, dando a impressão de que o produto já está disponível. Minha mente está sempre trabalhando em como fazer as coisas de maneira diferente, porque, para mim, inovar é justamente isso: fazer diferente.

As pessoas podem até te copiar, mas elas não vão conseguir te acompanhar porque o tempo todo você está inovando.

Organização:

De nada adianta ter agilidade, excelência e inovação se tudo for bagunçado e desorganizado. Para mim, a organização está diretamente ligada à didática, à apresentação e à clareza na entrega do que você promete.

Por exemplo, imagine que eu tenho um produto ou serviço muito bom, com resultados rápidos, excelentes e inovadores, mas que é desorganizado e não entrega o que promete. O cliente tem dificuldade em acessar o conteúdo, não consegue ver os resultados, tudo fica confuso, e a apresentação é ruim. Isso torna a experiência frustrante e desorganizada, dificultando o acesso ao valor que o produto ou serviço oferece.

Exemplo: imagine que eu contratei um videomaker para filmar a minha imersão. Combinamos que ele faria fotos minhas, takes para os stories, reels e depoimentos, e ele concordou em fazer tudo isso. Após dois dias de imersão, ele me entrega o material. Ele foi rápido, excelente, inovador, e me entregou tudo o que combinamos. Mas, quando vou olhar o material, percebo que está desorganizado. As pastas estão uma bagunça — fotos misturadas com vídeos, cortes editados misturados com conteúdo bruto, reels junto com depoimentos, tudo no mesmo lugar.

Essa falta de organização torna muito difícil utilizar o material. Eu não vou conseguir acessar facilmente o que preciso e terei que gastar tempo e energia para encontrar cada item. A organização deveria ter sido feita por ele, já que foi ele quem editou e entregou o material, e não por mim.

Muitas pessoas não têm esse olhar prático e acabam entregando as coisas de forma desorganizada, o que dificulta o uso e a percepção de valor do produto.

A organização é sobre ser didático — saber explicar claramente o que você faz e entregar de forma organizada. Quanto mais didático você é, mais organizado se torna.

Utilidade:

E, por último, mas para mim o mais importante, é a utilidade. Você pode ter agilidade, excelência, inovação e organização, mas se o que você oferece não for útil para o seu cliente, ele não vai valorizar e pode perder o interesse em você.

Toda vez que você cria algo que é realmente útil para o seu cliente, ele vai gostar, te indicar e voltar a comprar de você.

Por isso, é essencial pensar na utilidade do que você oferece. Ao entender o que a pessoa realmente precisa, você pode oferecer um produto que de fato vai gerar um resultado útil. Isso cria um valor duradouro.

Uma vez, uma pessoa veio até mim querendo criar um material que agregasse ao seu produto e trouxesse benefício tributário. Eu entendi o produto dela, e nós temos esse serviço, que pode funcionar em muitos casos. Mas, para aquela situação específica, não fazia sentido. Como não vi uma solução adequada, fui honesta e disse que não poderia ajudar. Não vendi, mas ganhei a confiança dessa pessoa, porque agora ela sabe que pode confiar no que eu disser. E quando eu precisar vender algum produto, ela vai acreditar em mim.

Quando falo de utilidade, penso em coisas práticas. Por exemplo, ao criar um *kit* para alguém, não opto por colocar tudo em uma caixa, porque sei que muitas pessoas acabam jogando a caixa fora. Em vez disso, penso no que poderia ser incluído no kit que realmente faça sentido e seja útil para a pessoa.

Eu considero tudo isso na hora de criar, porque, se não for útil, se não for funcional, para mim não vale a pena o esforço.

Escolha uma das 5 áreas e escreva abaixo como você vai melhorar:

Marque um X na área escolhida

A	E	I	O	U

Como fazer/ser:

Precificação – resultado da técnica

Vou te contar a história do Amaro, uma pessoa muito querida que se tornou um intraempreendedor. Isso significa que ele é um influenciador dentro da empresa onde trabalha. Graças à sua influência, Amaro recebe diversas vantagens, como telefone, óculos, relógio, gasolina, celular e roupas.

Certa vez, durante um evento, um amigo em comum me sugeriu ajudar o Amaro, pois ele estava cobrando um valor muito baixo pelos seus serviços de influenciador. Quando conversei com o Amaro, ele me disse que estava satisfeito com o que ganhava, mas este nosso amigo insistiu para que fizéssemos juntos um exercício de precificação.

Naquela época, ele cobrava apenas R$ 200,00 para fazer uma publicidade, ou seja, para divulgar um serviço. Quando fizemos o exercício de precificação, ele percebeu que deveria cobrar R$ 500,00, pois esse era o valor justo pelo trabalho que oferecia.

No mesmo instante, um cliente entrou em contato com ele para solicitar um serviço, e Amaro conseguiu vender por R$ 400,00, imediatamente. Eu expliquei para ele que o exercício de precificação serve para mapear o estado atual, mas que sempre que você atinge um topo, é preciso criar um novo topo, para não se limitar.

Lembra da história dos R$ 5.000,00 que mencionei no início deste capítulo? Eu mesma me limitei ao fixar essa meta. Não havia problema em manter os R$ 5.000,00 como objetivo, mas eu deveria ter criado uma nova meta acima dele após conquistá-lo.

Expliquei tudo isso para o Amaro e, uma semana depois, ele me enviou uma mensagem pelo Instagram contando que havia fechado uma publicidade por R$ 4.000,00.

Ele passou de R$ 200,00 para R$ 4.000,00 em apenas uma semana!

Ele quis me agradecer, mas eu fiz questão de mostrar que aquele valor foi resultado do seu próprio esforço. Eu apenas o ajudei a enxergar o valor que ele já tinha, mas que ele mesmo não via.

Não fui eu quem definiu um preço para ele, porque ninguém é capaz de fazer isso por outra pessoa. Cada um precisa ser coerente com o momento que está vivendo.

Se você deseja cobrar R$ 10.000,00, mas não acredita que vale esse valor, não saberá vendê-lo adequadamente. E se alguém vender isso por você, há o risco de você fazer mau uso desse dinheiro. É importante entender que o processo é como uma escada, um caminho a ser percorrido.

Algumas pessoas sobem mais rápido, outras demoram um pouco mais, mas está tudo bem. O que você precisa entender é que você é quem define o valor, e ele não pode ser o seu teto, ele deve ser o seu chão.

O objetivo do método de precificação não é limitar, mas sim fundamentar. Eu quis compartilhar essa história para ilustrar a importância do exercício a seguir e quero que você saiba que aplico essa prática em todos os meus produtos e serviços.

Precificação prática

Escreva o produto que vai oferecer:

Escreva três valores para esse serviço, os primeiros que vierem à sua cabeça. Não existe certo ou errado.

Valor baixo	Valor médio	Valor alto

Dê uma nota de 0 a 10 para cada um dos itens abaixo:

Experiência	
Experiência teórica/técnica	Experiência prática/em campo
Nota:	Nota:

Some as notas e divida por dois

Nota da sua experiência:

Resultado			
Resultado que tem		**Resultado que gera**	
Nota:		**Nota:**	
Some as notas e divida por dois			
Nota do seu resultado:			

Autoridade			
Posicionamento		**Referência**	
Nota:		**Nota:**	
Some as notas e divida por dois			
Nota da sua autoridade:			

RESULTADO

TOTAL: experiência + resultado + autoridade =

Quanto cobrar? Se o seu resultado foi...

De 0 a 16 – cobre o valor baixo

De 17 a 26 – cobre o valor médio

De 27 a 30 – cobre o valor alto

QUAL VALOR VOCÊ VAI COBRAR?

CASO TENHA DÚVIDA, ACESSE ESSE VÍDEO E VEJA COMO APLICO ESSA FERRAMENTA:

Nao saber medir o tempo que você leva para realizar algo irá te prejudicar na hora de defini um bom preco

“A maneira como você se posiciona no mundo é como o mundo te posiciona.

Mari Coelho - @falamaismari

Capítulo 9

POSICIONAMENTO

Posiciona
mento P
icionamen
Posiciona

O seu posicionamento no mundo

A maneira como você se posiciona no mundo é como o mundo te posiciona. Se você deseja ser mais valorizado, é preciso começar a se valorizar.

Com certeza, em algum momento da sua vida, você já ouviu a frase: “Você precisa se vestir para o cargo que deseja, não para o cargo que tem”. Essa frase está ligada ao posicionamento, a quem você quer ser.

No início deste livro, mencionei que eu não queria ser uma *ghostwriter*. Eu queria ser reconhecida pelo meu próprio trabalho, porque acredito no valor e no potencial que cada pessoa possui. Não queria ser uma escritora fantasma, e essa decisão foi, por si só, um ato de posicionamento.

Outro exemplo de posicionamento foi quando decidi elevar o nível dos produtos no mercado. Tomei essa decisão porque queria oferecer algo superior, e não apenas me esforcei para fazer o melhor, mas também vendi meu serviço de acordo com esse novo padrão.

Eu tinha um preço base para o meu produto, independente de quem procurasse por ele. Eu não oferecia descontos, mas fazia ações promocionais e o preço não era mudado conforme "a cara do cliente" ou a situação financeira dele. Com essa postura, as pessoas perceberam qual era o meu posicionamento e reconheceram que eu era uma pessoa bem-posicionada.

Tenha coerência, não venda um produto desalinhado com sua comunicação e tudo que faz, o seu posicionamento precisa ser coerente.

Vou te dar um exemplo: imagine que você vai contratar uma pessoa que cobre R$ 25.000,00 pelo serviço. Quando ele emite a nota, você descobre que ele é MEI. Talvez você não saiba, mas o MEI tem um teto de faturamento de R$ 70.000,00 a R$ 80.000,00 por ano. Se ultrapassar esse limite, precisa migrar para outra categoria, como o Simples Nacional.

Isso pode passar a impressão de que você é o primeiro cliente da empresa, o que parece estranho e incoerente. Afinal, não faz sentido alguém cobrar R$ 25.000,00 por mês por um serviço e ainda se enquadrar como MEI. A menos que essa pessoa não tenha conhecimento na área.

Coerência

Quando eu saí da escola, meu marido trocou nosso carro por um modelo melhor, e eu fiquei sem entender. Como assim? Eu tinha acabado de pedir demissão e, de repente, estava ganhando um carro melhor? Não fazia sentido nenhum para mim.

No entanto, minha transição de carreira foi bem rápida. Saí da escola e logo comecei a trabalhar na minha atividade atual. Então, ele me explicou que tomou aquela decisão porque agora eu frequentaria lugares diferentes, com outras pessoas, e o carro precisava estar à altura dessa nova fase da minha vida.

Lembra que eu não ligava para carros? Para mim, aquilo não fazia o menor sentido. Eu achava que ninguém iria reparar no meu carro. Mas, um dia, enquanto estava em São Paulo atendendo um cliente, acabamos descendo juntos para o estacionamento. Quando chegamos lá, percebi que nossos carros eram compatíveis — não exatamente iguais, mas do mesmo nível.

Naquele momento, vi a reação do meu cliente ao olhar para o meu carro, e então compreendi o que meu marido queria dizer sobre ter um carro melhor para transmitir uma mensagem mais forte. Quero deixar claro que não estou sugerindo que você se endivide ou faça algo para aparentar o que não é.

A questão aqui é se preocupar com a mensagem que você transmite e com o seu posicionamento, de acordo com o crescimento que você vai alcançando.

As pessoas valorizam zelo e carinho, então, demonstre isso em tudo que você faz, nos detalhes e dentro das suas possibilidades. É importante ser coerente. Não faz sentido esbanjar algo se você não tem uma casa para morar, ou ter várias bolsas de luxo se a sua situação financeira não permite.

O seu resultado, as coisas que você tem, precisam ser coerentes com aquilo que você é, porque a única coisa que se sustenta é a verdade.

O posicionamento é algo natural, entenda o que para você significa se posicionar e como deseja ser visto pelas pessoas.

O posicionamento é algo natural, entenda o que para você significa se posicionar e como deseja ser visto pelas pessoas.

“

Quando cansar, descanse. Quando tiver dúvida, reveja. Mas jamais desista daquilo que tanto deseja.

Mari Coelho - @falamaismari

Capítulo 10

VENDAS

Quando se trata de vendas, uma pessoa que não acredita em si mesma não consegue vender.

Se você não tem clareza sobre quem você é, qual é sua posição e o que faz, será difícil transmitir segurança sobre o seu produto e ter firmeza na sua fala.

O posicionamento é importante porque vender está totalmente ligado à maneira como você se posiciona.

Existem duas pessoas que não conseguem vender: a que não acredita nela e a que não acredita no produto.

Ao longo do livro, mencionei que é essencial criar um produto no qual você acredita, com uma narrativa que o valide. Se você não acredita em si mesmo ou no que está oferecendo, será impossível vender. Por isso, dediquei algumas páginas deste livro para reforçar a importância de acreditar em si mesmo.

Você pode ter um potencial incrível, um produto maravilhoso, ou até o melhor método do mundo, mas se não acreditar em si mesmo, não conseguirá apresentá-lo e vendê-lo.

Um ótimo jeito de demonstrar confiança é conhecendo muito bem o que você faz, dominando técnica e comunicação verbal para transmitir segurança.

É fácil perceber quando uma pessoa fala com confiança e quando não tem essa firmeza.

Algo que eu sempre ouço dos clientes quando falo sobre nossos produtos é que eu passo confiança. Isso os deixa mais tranquilos para realizar um projeto, e com isso acabam fechando contrato comigo. Eles percebem que eu realmente entendo do que faço.

No início, eu não compreendia muito bem esse feedback, mas hoje entendo que isso acontece porque muitas pessoas não sabem se comunicar de forma eficaz. Para vender, é fundamental ter uma comunicação clara.

Existem várias maneiras de se comunicar, vou ilustrar três delas: a comunicação percebida, a comunicação auditiva e a comunicação sentida.

Comunicação percebida é tudo aquilo que as pessoas enxergam em você. Isso inclui seu cabelo, suas unhas, maquiagem, roupas e expressões faciais. Tudo o que as pessoas veem em você faz parte dessa comunicação.

Comunicação auditiva é o modo como você fala: o tom, o volume, a clareza e o domínio da sua voz. Tudo relacionado à maneira de se expressar verbalmente reflete essa forma de comunicação, seja pela intensidade da voz, pela clareza ou pela segurança que você transmite.

Comunicação sentida envolve as emoções e o impacto sensorial que você causa. Isso inclui seu cheiro, a frequência com que você vibra, seu lado espiritual, o uso de perfume, a maneira como cuida de si mesmo, e as emoções que transmite, como ansiedade ou calma, tristeza ou felicidade, paixão ou desinteresse.

Conseguimos perceber quando uma pessoa está triste ou feliz. Da mesma forma, é fácil identificar alguém que está apaixonado, porque seus olhos brilham de uma maneira especial. Tudo isso faz parte da comunicação.

E assim como essas emoções comunicam aos outros o que você está sentindo, você também pode usar suas expressões em sua comunicação para transmitir algo diferente para si mesmo.

Para vender, você precisa ser percebido, ouvido e sentido pelo seu cliente.

Pessoas desesperadas não vendem

Certa vez, estava em um evento, e teve uma dinâmica em que podíamos subir no palco, nos apresentar e abrir algum desafio que estávamos passando, com intuito de receber ajuda de algum colega presente. Um rapaz subiu ao palco, mas em vez de explicar claramente o que ele precisava, ele começou a oferecer seus serviços. Esse não era o foco da atividade, e por isso, ninguém no local comprou, embora todos ali pudessem ser potenciais clientes.

O problema foi que ele não transmitiu a mensagem e ainda passou insegurança. Passou sensação de "desespero", e as pessoas ficaram com a impressão de que ele estava tão necessitado de conseguir vender que poderia usar o que recebesse pelos serviços para outra coisa e, assim, não entregaria o projeto corretamente. Isso gerou desconfiança e fez com que ninguém se interessasse pelo serviço que estava oferecendo, embora muitos ali precisassem dele.

Se a pessoa sente em algum momento que você está desesperado, ela deixa de comprar e você deixa de vender.

Toda empresa, em qualquer lugar do mundo, precisa vender, pois as vendas são o motor que faz o negócio funcionar. No entanto, se você está desesperado para vender, ninguém vai querer comprar de você.

Isso acontece porque a pessoa sente que está sendo responsável pelo seu "sustento", e essa é uma responsabilidade que ninguém quer assumir.

Você tem que mostrar para as pessoas que, na verdade, você está lotado. Sempre que puder, comunique as pessoas que o seu mês está completo, que a sua meta do mês foi batida, que a próxima turma está lotada, você pode criar isso o tempo todo.

Sabe quando você passa na frente de restaurantes e vê um cheio e outro vazio? O cheio está sempre cheio porque ele passa uma mensagem de que comer ali é bom, e as pessoas querem investir o tempo delas para ficar ali. Já o vazio passa a mensagem de que deve ter alguma coisa errada, porque as pessoas preferem enfrentar uma fila em outro local do que se sentar ali; passa a imagem de que a comida é ruim.

O mesmo acontece com você. Quando você não tem clientes, as pessoas podem pensar que algo deu errado, que ninguém quer o que você oferece. Por isso, é essencial sempre buscar estratégias para mostrar que você não está precisando de clientes.

Tenho o hábito de realizar frequentemente ações que oferecem benefícios aos clientes. Por exemplo, não oferecemos descontos diretos, mas podemos, até o dia 15 do mês, colocar qualquer projeto com benefício de 10%. Dessa forma, estou constantemente criando motivos e situações que incentivam os clientes a comprarem, gerando um senso de urgência.

Além disso, estou sempre em eventos, promovendo degustações, pensando em novas oportunidades e criando novos produtos.

Quando você está ativo no mercado, não precisa se preocupar em buscar clientes — eles vêm até você.

Hoje na empresa, 98% dos nossos clientes chegam por indicação, porque um cliente conta para o outro e recomenda nossos serviços.

Você deve transmitir que, na verdade, os clientes têm mais a ganhar ao contratar seus serviços do que você ao tê-los como clientes.

É como se, ao oferecer seu serviço, você estivesse fazendo um favor, oferecendo uma oportunidade valiosa para eles.

Pessoas frustradas não compram

É muito importante ter cuidado ao apresentar seu produto. Às vezes, na tentativa de inovar demais, podemos acabar frustrando o cliente em vez de fechar uma venda.

Vou contar uma história. Uma vez, eu estava palestrando para cerca de cem pessoas em um evento. De repente, uma pessoa da plateia se levantou e me perguntou sobre as horas. Eu não estava com relógio e, sem outra opção, perguntei a alguém na plateia. A pessoa que fez a pergunta, de forma rude, disse que eu não podia perguntar a ninguém e que deveria saber as horas. Quando respondi que não sabia, ele me questionou se não seria bom ter um relógio naquele momento, e então começou a oferecer seu produto.

Qual foi o erro ali? Ele foi muito rude comigo, e aquela abordagem não foi a ideal. Mesmo assim, deixei que ele terminasse de apresentar o produto. Depois, aproveitei a oportunidade para explicar como ele poderia ter apresentado aquilo de uma forma mais eficaz. Fiz uma apresentação de vendas para ele, mostrando uma abordagem mais adequada.

Expliquei para todos na plateia que o produto dele não era apenas um relógio, mas um artefato para registrar momentos importantes da vida, para que não se perdessem com o tempo. Ainda complementei com exemplos, que era possível criar um relógio para comemorar o aniversário do pai ou da filha, relacionando momentos importantes na vida dessa pessoa. Complementei, dizendo que era um trabalho manual lindo, artesanal, que exige um investimento alto.

Essa era, inclusive, uma dúvida que ele tinha: se poderia abordar alguém em um evento para oferecer o produto. Eu expliquei que não era uma questão de poder ou não, mas sim de ter cuidado para não frustrar as pessoas.

Pessoas frustradas não compram, e pessoas que frustram não vendem.

Mesmo sabendo disso, podemos cometer erros devido a falas mal colocadas. Por isso, é essencial ter cuidado e atenção constantes para não perder uma venda simplesmente por não ter feito uma abordagem adequada.

Quando voce
está ativo
no mercado,
não precisa
se preocupar
em buscar
clientes.
Os clientes
vem até
você

"

Pessoas frustradas não compram, pessoas que frustram não vendem.

Mari Coelho - @falamaismari

para os
você

Capítulo 11

ENQUANTO VOCÊ OLHAR PARA OS LADOS, NÃO VAI CONSEGUIR ANDAR PARA FRENTE

Você é o seu maior adversário

Sempre ouvimos que é importante entender o mercado, observar os concorrentes e ficar de olho em tudo o que está acontecendo. Não estou dizendo que isso não seja verdade, mas quero destacar que o seu maior adversário é você mesmo.

Cada dia que passa, você precisa fazer melhor do que fez ontem.

Somos seres dinâmicos, e a cada dia que passa, estamos em constante evolução. Se você não está evoluindo, está regredindo. É essencial entender que tudo o que você cria sempre vai ser ultrapassado para você.

Por isso, você precisa sempre se esforçar para fazer as coisas de forma mais rápida, melhor, diferente e inovadora. Caso contrário, ficará para trás. A sua melhor métrica é você mesmo, pois, muitas vezes, ao se comparar com outras pessoas e com os resultados delas, você se esquece de onde saiu, aonde já chegou e quantas conquistas alcançou.

Não se compare com pessoas que têm uma história ou um ambiente diferente do seu. A inspiração é válida, mas a comparação pode desanimar.

> **Cada pessoa tem um processo e uma trajetória.**

Durante a minha busca por um propósito, eu fui fazer um curso que prometia mudar a minha vida. Isso me fez criar a expectativa de sair de lá uma nova mulher.

Porém, quando o curso terminou, eu ainda era a mesma pessoa. Olhava ao redor e via as outras pessoas transformadas, dizendo que o curso havia mudado suas vidas. Mas, para mim, isso não aconteceu.

No entanto, isso não foi por causa do curso em si. O curso entregou o que prometia. A questão é que não somos todos iguais. Eu sou uma pessoa mais processual; as mudanças para mim não acontecem de repente. E, de fato, aquele curso acabou virando uma chave em mim, porque foi lá que consegui meu primeiro cliente. Só fui perceber isso um ano depois, quando revisitei minha história e comparei minha evolução.

Quantas coisas você tem hoje que já foram sonhos um dia? Quantos desses sonhos, você está vivendo hoje, mas não parou para agradecer por eles?

É importante, sim, querer sempre mais e buscar novas conquistas, mas também é preciso entender de onde você veio. Somente assim conseguirá direcionar melhor para onde deseja ir.

Não existe concorrência

Eu não acredito na ideia de concorrência da forma tradicional. Para mim, concorrência significa competir a essência, e isso não é possível. Existem muitas pessoas que fazem o que você faz, mas ninguém faz como você faz. Podem existir mil profissionais na sua área, mas só existe você com o seu jeito.

Por isso, para mim, a concorrência não é algo relevante. No entanto, para quem está de fora, como um leigo, essa distinção pode não ser tão clara. Na hora de tomar uma decisão, essa pessoa pode escolher outro caminho, e você pode perder uma venda por causa disso.

É importante estudar o mercado e buscar inspirações para ver o que você pode fazer de diferente. No entanto, se você focar demais nisso, corre o risco de se preocupar mais com o que os outros estão fazendo do que com o que você precisa fazer.

Quando você olha muito para os lados, não consegue andar para a frente. Mas se você focar em como pode melhorar continuamente, seus resultados serão melhores.

Tem uma história do Steve Jobs que ilustra bem isso. Quando alguém mencionou a ele que a Samsung havia lançado uma tela maior que a da Apple, ele respondeu que não estava prestando atenção nisso, pois seu foco estava em criar um iPhone melhor que a versão anterior. Quanto mais você focar em aprimorar, potencializar e criar produtos melhores, mais irá expandir.

Eu sempre tive esse pensamento, mas houve um momento em que comecei a olhar para os lados, ver o que as outras pessoas estavam fazendo e me comparar. Isso foi muito ruim, porque acabei me perdendo e "esquecendo" do meu propósito.

Quando comecei a me comparar com os outros, percebi que estava saindo da minha essência e deixando de valorizar o que realmente é importante para mim.

Quando você se desvia do seu propósito e da sua essência, começa a olhar para o propósito dos outros, e isso te trava.

Se você quiser estudar o mercado e olhar o que os outros estão fazendo, isso é uma escolha sua. No meu caso, prefiro não seguir esse caminho, porque funciona muito melhor quando olho para dentro e vejo como posso melhorar tudo que já tenho.

Claro, não vivo em uma bolha e não ignoro o que está ao meu redor, mas meu foco principal está no meu negócio. Há tantas coisas que podemos fazer e melhorar, mas se você se concentrar demais em se comparar ou no que está acontecendo ao redor, acaba perdendo o foco.

Meu foco é trazer as **Palavras dos Céus para a Terra,** enquanto o foco de outra empresa pode ser ganhar dinheiro ou posicionar alguém. Como posso me comparar com uma empresa que tem uma essência, um foco e uma estrutura completamente diferentes da minha? Não faz sentido.

Eu posso me inspirar, por exemplo, na fábrica da Cacau Show, porque um dia quero ter uma fábrica também. Posso olhar para o site da Lelisblanc e pensar que gostaria de ter um site assim. Mas não preciso necessariamente olhar para as pessoas do meu mercado; posso simplesmente buscar inspiração em pessoas e negócios que admiro.

Dessa forma, consigo ter mais ideias e encontrar maneiras de melhorar, mesmo quando não sei exatamente como nem o que.

Acredito que nossa essência é única, e é fundamental sempre buscá-la e valorizá-la.

Ouse ser você

Existe um estudo que mostra que, em um grupo de 10 pessoas, 33% vão gostar de você, 33% não vão gostar, e 33% serão indiferentes. Ou seja, as pessoas vão gostar ou não de você pelo mesmo motivo: por você ser quem você é.

Se a sua essência é única, é isso que você vai transmitir quando pensa em um negócio. É essa autenticidade que você vai vender. E quando chegar o momento de crescer, evoluir ou até mesmo sair desse negócio, é essa essência que você vai deixar como legado, pois foi isso que impulsionou o crescimento do seu negócio.

Quando eu digo que o método não é sobre o mercado, mas sobre o legado, quero dizer que você deve olhar para o seu produto ou serviço e sempre pensar em como pode melhorar dentro dele, focando nas necessidades dos seus clientes e nas coisas que são importantes tanto para você quanto para eles.

Não se guie apenas pelo que está na moda ou pelo que o mercado considera eficiente.

Nós temos talentos, visões, percepções e intuições. Quantas vezes você sentiu que não deveria fazer algo e, quando fez, acabou dando problema? E quantas vezes você sentiu que deveria fazer algo, mas não fez, e depois percebeu que teria sido uma boa escolha?

É por isso que você deve começar a seguir sua intuição e sua essência, porque isso dá certo. **Ouse ser mais de você.** Olhe para a história e veja aonde chegaram as pessoas que mais ousaram.

Recentemente, assisti a um filme que conta a história de um funcionário da marca Chectos, que foi o responsável por criar um sabor que salvou a empresa. Ele era mexicano e, embora tenha começado como faxineiro — ou "técnico de manutenção", como ele preferia se chamar —, ele sempre foi extremamente dedicado. Vindo de uma família com dificuldades e tendo se envolvido com coisas erradas no passado, ele queria mudar sua vida, especialmente porque tinha filhos e viu naquela oportunidade um novo começo.

O filme mostra como ele estava sempre buscando fazer o melhor, ajudar todos ao seu redor e estar presente. Em certo momento, o CEO da empresa enviou um vídeo comunicando o fechamento de algumas unidades e incentivou os funcionários a pensarem como um CEO.

Esse funcionário mexicano ouviu a mensagem do CEO e decidiu agir. Ele teve a ideia de criar um novo sabor e uniu sua família — esposa e filhos — para se dedicarem a esse projeto.

Mesmo enfrentando críticas de algumas pessoas que acharam sua ideia absurda, ele persistiu.

Normalmente, desenvolver um novo sabor de salgadinho leva meses de estudo e envolve produtos químicos. No entanto, ele fez tudo com ingredientes naturais. O sabor ficou pronto, e ele empacotou o produto. Mas ainda precisava fazer com que o CEO o experimentasse, porém ninguém lhe dava o acesso. Determinado, pegou o telefone, ligou diretamente para o CEO, explicou sua ideia e conseguiu entregar o produto. Quando o CEO finalmente aceitou lançar o novo sabor, eles decidiram fazer um teste — um MVP, como se costuma dizer — para ver se as pessoas iriam gostar. No entanto, o produto não estava vendendo. Foi quando o filho dele comentou que não tinha visto nenhuma propaganda do novo sabor. Ou seja, o problema não era que o produto não estava vendendo, mas sim que ninguém estava divulgando. As pessoas não sabiam que aquele sabor existia. Se as pessoas não sabem da existência, como vão comprar? Como poderiam querer algo sobre o qual não tinham conhecimento?

Então, eles começaram um trabalho de marketing manual, de pessoa para pessoa, e o resultado foi incrível. O produto se tornou um sucesso e se transformou em um grande case para a empresa, tudo porque uma pessoa ousou — ousou na ideia, na execução e foi até o fim. Como resultado, ele foi nomeado diretor do setor de marketing da empresa. Porque esse novo sabor, além de ter sido um sucesso, ajudou a recuperar e salvar as fábricas que estavam prestes a fechar.

Essa história nos mostra a importância da ousadia. Quando comecei, também ousei. Como uma professora poderia fazer algo diferente de dar aulas? O que as pessoas iriam pensar, especialmente por que eu nem era formada em Letras e estava escrevendo livros?

Percebi que não preciso ser formada em Letras para fazer livros, preciso apenas entender de pessoas. Não preciso dominar o conteúdo para ajudar alguém a escrever um livro; o que preciso é dominar o processo.

Aqui, fazemos livros para médicos, advogados, autores de autoajuda, negócios, nutrição e muitos outros temas. Nem eu e nem minha equipe dominamos todos esses assuntos, mas sabemos como transformar ideias em livros.

Nós desenvolvemos um processo em que não precisamos dominar o assunto, mas sim o método, pois o conhecimento vem da própria pessoa. Isso nos permite criar conteúdo sobre qualquer tema, para todas as pessoas e alcançar diversos públicos.

Muitas pessoas me diziam que eu precisava definir um público-alvo, uma persona, mas eu nunca acreditei nisso.

Tenho clientes de onze anos e de cinquenta anos, clientes que são empresários e outros que estão apenas começando.

Como eu poderia definir uma única persona? Para o meu produto, isso simplesmente não se aplica. Talvez faça sentido para outros produtos no mercado, mas não para o meu.

Por isso, tudo o que não faz sentido para mim, eu não sigo. Sempre que ignorei minha intuição e segui o que os outros diziam, as coisas não deram certo. É sobre isso que quero que você reflita neste capítulo: você precisa seguir aquilo em que acredita. Mesmo que alguém muito mais experiente ou influente que você diga o contrário, siga o que você acredita. Se não fizer isso, você acabará seguindo o caminho de outra pessoa e travando. E essa pessoa não estará lá para te guiar quando você se sentir perdido.

Nossa intuição tem um valor imenso, pois é a nossa maior conexão com Deus. Comece a ouvir sua intuição, a prestar atenção nessa voz interior, e você verá o quanto pode crescer.

No final das contas, não precisamos olhar para o lado, mas sim para o alto.

Não se guie apenas pelo que está na moda ou pelo que o mercado considera eficiente. Ouse ser mais você

“

Se você não for
capaz de enxergar além
do que os seus olhos
podem ver, só vai ter o
que suas mãos
conseguem carregar.

Mari Coelho - @falamaismari

Capítulo 12

APRENDA A SONHAR

Não desista dos seus sonhos

Quantos sonhos foram deixados de lado porque alguém disse que eram bobagem, que era melhor deixar para lá?

Eu não sei se um dia eu disse que queria ser médica e alguém me falou que isso não era para mim. Não sei se algum dia eu quis ser modelo e alguém me disse que eu não tinha o perfil, que eu não era magra o suficiente ou alta o suficiente. Não sei quantos sonhos abandonei porque alguém me falou para deixar para lá.

Mas eu sei de uma coisa: se existe em você uma vontade de fazer algo, se um dia aquilo fez arder o seu coração, é porque vale a pena investir o seu tempo.

Os sonhos são a prova de que você acredita em algo. Ter fé é acreditar que é possível. Ter medo é acreditar que não é possível. Muitas pessoas acreditam que o oposto do medo é a coragem, mas, na verdade, o oposto do medo é a fé.

Coragem, significa "fazer agir o que está no coração". É por isso que, muitas vezes, você sente vontade de fazer algo que outra pessoa não sente. Às vezes, você tem um desejo de agir que seu cônjuge ou amigo não tem, e o oposto também acontece. Às vezes, as pessoas têm vontade de fazer algo que você não tem.

Algumas coisas são exclusivamente nossas, pertencem ao nosso processo e à nossa vontade.

Essas pessoas podem nos apoiar ou ajudar, mas o desejo de agir vem de dentro de nós. É por isso que muitas vezes você se inspira em pessoas que tiveram a coragem de fazer aquilo que você tem vontade. Então, é importante começar a ver o seu sonho como algo que é mais do que apenas um sonho — é uma parte essencial do seu caminho.

Vivemos em uma era em que muitas pessoas têm medo de sonhar para evitar a frustração. Esses dias estava em um restaurante e escutei a conversa de um cantor com um cliente. Quando o cantor recebeu um elogio desse cliente, ele logo respondeu: "Eu não quero ser famoso". Será que ele não quer ser famoso ou tem medo de não conseguir? As pessoas pararam de acreditar. Não tenha medo de desejar algo porque tem "certeza" de que não vai dar certo.

Acredite no seu sonho, crie, desenhe e viva o seu sonho.

Esse é o primeiro passo para mudar sua vida, gerar mais resultados e conquistar mais. Não sei qual é o resultado que você está buscando ou em que momento da vida você se encontra, mas sei que, se você voltar a sonhar e implementar novos sonhos, as coisas vão mudar.

Comece com o que tem

Comecei minha nova carreira em casa, sem conhecer ninguém e sem investir nenhum real. Tudo o que eu tinha era um desejo no meu coração: a vontade de transformar a educação no Brasil.

Sempre senti que queria mudar a educação do Brasil, mas achava que faria isso em sala de aula. Então, comecei a criar e aprimorar materiais, com a esperança de que eles pudessem transformar vidas. Isso é educação. Você sabia que todos nós somos professores e alunos? Quando falamos, estamos ensinando; quando ouvimos, estamos aprendendo. A educação está presente em tudo.

Comecei nossa empresa em novembro de 2020, e em novembro de 2024, completaremos quatro anos. Nesse curto período, realizamos mais de 600 projetos para grandes nomes do mercado. Tudo isso começou com uma simples chama no meu coração, porque eu acreditava nas pessoas, acreditava que podia ser diferente e que era possível fazer melhor.

Eu sabia como fazer, conhecia a maneira certa de realizar o trabalho, mas só precisava de uma pessoa que aceitasse o meu serviço.

Lembro que o primeiro planner que fiz foi um desafio, pois eu nunca tinha feito algo assim antes. Mas eu sabia exatamente como iria fazê-lo. Vendi o projeto com tanta segurança que, quando ele ficou pronto, já tinha algo concreto para mostrar. Aquele primeiro cliente amou o resultado.

Por isso, tenho confiança no que sei e no que sou capaz de fazer. Consigo visualizar, planejar e entregar, e é exatamente isso que todos nós precisamos fazer.

Aquilo que arde o seu coração é o caminho para acreditarem em você.

Não tenha medo

Vou compartilhar algo bem pessoal com você. Uma vez, durante um momento de oração, tive uma visão. Não sei se você já viu em filmes aqueles quartos completamente brancos, sem nada dentro. Eu me vi em um lugar assim.

Eu estava muito feliz por estar ali, porque era um quarto branco, vazio, cheio de possibilidades. Eu poderia criar o que quisesse. Mas, naquele momento de alegria, fui tomada por uma tristeza muito profunda. Foi como se Deus tivesse me orientado a olhar para o lado.

Quando olhei, aquele quarto branco e cheio de possibilidades se transformou em uma escuridão preta sem fim. Então, Deus me disse que aquilo que vejo como oportunidade, muitas pessoas enxergam como dificuldade. O que vejo como esperança, outros veem como fim.

> "As pessoas estão morrendo nos seus próprios sonhos, nos seus próprios medos e nas suas próprias inseguranças. O mundo precisa voltar a sonhar."

Nesse momento, eu estava com os olhos fechados e pensei: “Preciso abrir os olhos, senão não conseguirei escrever”. Abri os olhos, mas continuei vendo a visão. Foi ali que entendi que meu propósito vai além de trazer as Palavras dos Céus para a Terra. Eu preciso ajudar as pessoas a voltarem a sonhar.

Permita-se imaginar

"EU TE ENSINEI A ESCREVER PORQUE VOCÊ NÃO APRENDEU A SONHAR."

Eu fui uma pessoa que não aprendeu a sonhar, mas Deus me ensinou a escrever. E, através da escrita, pude criar sonhos e possibilidades. Porque tudo começa na nossa imaginação.

Se não conseguimos imaginar, não conseguimos realizar. Foi por isso que eu quis ter aquele carro, porque me visualizei naquela Hilux, e então eu desejei tê-la.

Tudo que acontece na nossa vida passa pela nossa imaginação e ela não sabe diferenciar o que é de verdade e o que é de mentira.

Vou te dar um exemplo. Se eu te pedir para pensar em um astrolábio e você não sabe o que é, você não vai conseguir imaginar. Mas se eu pedir para você pensar em um cavalo com asas de borboleta, você consegue formar essa imagem, mesmo que isso não exista.

Isso acontece porque não somos capazes de imaginar algo sem termos a informação necessária. No entanto, somos capazes de pensar em coisas impossíveis, desde que tenhamos informação para isso.

Já que nossa imaginação não sabe diferenciar o que é real do que é irreal, por que não criar nossa própria realidade?

Não existe impossível para aquele que crê e não existe impossível para quem faz acontecer. O que você vai vender? Para quem você vai oferecer? Quanto você vai cobrar? Qual é o próximo sonho que você vai realizar?

O objetivo deste livro é mais do que ensinar você a **transformar seu conhecimento em dinheiro**; é também te ajudar a transformar sonhos em realidade.

O método é uma ferramenta, um caminho, mas o verdadeiro condutor é você.

Seu propósito não está na sua profissão

Tudo mudou porque eu decidi descobrir qual era o meu propósito. Dei aula de matemática por dezesseis anos da minha vida, e como comecei minha carreira com a ideia de que primeiro precisava fazer dinheiro para depois fazer o que gostava, fiquei em uma constante busca para descobrir quem eu era e no que realmente era boa.

Em 2019, decidi buscar novos caminhos e oportunidades. Não foi um início planejado; simplesmente resolvi que iria me encontrar. Durante esse processo, mesmo "perdida" permaneci em busca, pois as coisas só acontecem quando estamos em movimento.

> Eu queria entender por que Deus me criou, por que Ele me fez e qual era a minha função aqui na Terra. Qual era o motivo da minha existência?

Quando comecei a trabalhar com livros, meu primeiro cliente foi o Pablo Marçal, ele que me fez a pergunta que citei no início do livro: "O que você faz bem, que faz bem desde criança?". Depois dele, atendi João Kepler, Joel Jota, Grupo Primo, Hyeser... Rapidamente, comecei a ter resultados exponenciais, muito além da realidade que eu conhecia. Eu era uma professora que ganhava um salário mensal médio, e, de repente, aquele valor que eu recebia em um mês, as pessoas estavam dispostas a pagar em um único projeto.

Apesar dos resultados exponenciais, eu ainda não sabia quem eu era, qual era o meu propósito, e por que Deus me criou.

Sempre fui uma pessoa muito ativa, então, mesmo sem ter certeza do que estava fazendo, eu executava com agilidade e excelência.

Por causa do meu trabalho, tive contato com pessoas de grande sucesso, mas elas também não conseguiam me ajudar a encontrar o que eu buscava. Fazia perguntas como: "No que você acha que eu sou boa? Qual é o meu diferencial?". As respostas estavam sempre relacionadas ao meu trabalho atual — diziam que eu era extremamente rápida e que nunca tinham visto nada igual. Mas eu não acreditava que meu diferencial estivesse nos projetos. Recebia elogios, mas aquilo me parecia tão normal que eu me recusava a aceitar que a resposta que eu tanto buscava estava ali.

Eu tinha a ideia de que meu potencial se revelaria de maneira grandiosa, como um meteoro caindo do céu. Mas aquilo em que somos realmente bons nunca parece extraordinário para nós.

Até que um dia, tive um *insight* — ou talvez um momento de loucura. Pensei que, se na Terra ninguém conseguia me ajudar, eu iria procurar no céu.

Então, abri o Google e escrevi na aba de busca: "Como falar com Deus?". Eu queria uma resposta, queria saber qual o meu propósito, por que eu existia e pensei que Deus pudesse me contar, afinal, foi Ele quem me criou. Mas nem o Google tinha essa resposta.

Eu tinha um pensamento puro no meu coração, eu queria que Deus descesse e falasse comigo, e ainda pensava: "Antigamente Ele descia nos montes, por que não pode descer no sofá da minha casa? É mais confortável".

Nessa busca, percebi que precisava tomar atitudes e ações. Porque quando se deseja algo de todo o coração, é necessário agir para que isso aconteça. Querer é decisão e decisão é ação, então comecei a mudar meus hábitos.

Sempre gostei de acordar cedo, mas passei a acordar ainda mais cedo. E como o Google não pôde me ajudar a falar com Deus, decidi ler a Bíblia.

Cresci em uma família católica, fiz catequese e já havia estudado outras religiões, mas não me lembrava de ter estudado a Bíblia a fundo em nenhuma delas. Quando comecei a ler, com toda a sede de conhecimento, não entendi muita coisa. A Bíblia não é um livro simples de ler; é um livro que requer entendimento, profundidade e interpretação. **E ali estava eu, querendo uma resposta pronta e imediata.**

Lembro que um amigo me disse que, para ter uma conexão com Deus, era preciso meditar. Mas quando tentei, acabei dormindo. Como meditar não funcionou para mim, tive que encontrar o meu próprio jeito, porque eu queria muito falar com Deus.

Se você deseja algo com todo o seu coração e sente essa chama acesa dentro de você, não desista. Vale a pena colocar sua energia nisso.

Eu coloquei minha energia, mas continuei fazendo outras coisas, porque não podia simplesmente ficar parada esperando a resposta chegar.

Eu precisava continuar vivendo, mesmo "sem propósito", até que ele se revelasse.

Nesse processo, comecei a ter algumas percepções. Em alguns momentos, eu estava em algum lugar e sentia que precisava dizer algo para alguém, mas não falava, pois tinha certeza de que a pessoa me acharia maluca. Minutos depois, outra pessoa, que eu não conhecia, vinha e dizia exatamente aquilo que eu tinha sentido de falar.

Comecei a entender que, embora eu quisesse falar com Deus, Ele já vinha falando comigo a vida inteira — eu é que não percebia. Então, me permiti entrar em um processo de fluidez, aquela fase em que você percebe que algo está acontecendo, mas não questiona, não racionaliza; você simplesmente flui.

Nesse processo de fluidez, vivi diversas experiências que poderiam preencher um livro inteiro, algumas delas cito no meu livro *Conexão Divina, 31 dias para ouvir a voz de Deus*. Mas, assim como muitas vezes fugimos do nosso talento, também tendemos a fugir da voz de Deus pensando que é apenas coisa da nossa cabeça ou que não aconteceu de verdade.

Ao me permitir fluir, comecei a me deixar levar mais pela escrita e segui esse processo por um tempo considerável. Até que, no dia do meu aniversário, em 3 de novembro de 2020, Deus me revelou em forma de poesia que eu seria a mãe da nossa filha, a Penélope. A poesia era assim:

"Sorria, menina, sorria.

Hoje é o seu dia.

Levante com alegria. Acorde, viva com ousadia.

Chegou o momento que você queria.

Você será mãe de uma linda menina.

Sorria, mãe, a partir de hoje não serás apenas filha.

Será matriarca de uma grande família.

Sorria, minha eterna menina, sorria."

- Mari Coelho - 03/11/2020

Aquele momento foi inesquecível e marcante para mim. Percebi que, quando realmente **quero** algo e me permito **fluir** nesse desejo, consigo **experimentar** de forma profunda. Embora eu sentisse que algo estava acontecendo, não sabia exatamente o que era e tentava encontrar justificativas para aquilo não ser verdade. Mesmo assim, continuei no processo

Quando você deseja algo de todo o coração, se permite fluir e experimenta, isso vira um ciclo. Você quer mais, se permite fluir ainda mais, porque deseja continuar experimentando aquilo.

Nesse processo, comecei a escrever muito. Cheguei a escrever um livro inteiro em menos de uma semana, compondo poesia atrás de poesia, com temas e conteúdos que nunca tinha estudado antes. Quando compartilhava essas poesias com pessoas que tinham conhecimento no assunto, elas validavam o que eu havia escrito.

Foi então que, sem entender completamente o que estava acontecendo, no dia 9 de novembro de 2020, após escrever um livro inteiro de poesias em apenas seis dias, questionei a Deus. Queria saber o que eram aquelas palavras, por que eu havia nascido e o que estava acontecendo comigo...

Foi aí que escutei um sussurro nos ouvidos falando: "São Palavras dos Céus".

Para garantir que não estava enlouquecendo, pedi uma confirmação. Algo me disse para ir ao Instagram, e eu pensei: "Se o @palavrasdosceus estiver disponível, essa voz é real". E adivinhe? Ele estava disponível. Senti que aquilo era uma resposta, que realmente eram as Palavras dos Céus. Mas eu ainda não entendia completamente e questionei novamente, perguntando o que deveria fazer com aquilo.

A resposta que recebi foi: **"É para você trazer as Palavras dos Céus para a Terra".** Confesso que, naquele momento, achei que se tratasse apenas das minhas poesias, que eu escrevia inspirada por Deus. Naquele dia precisei abrir o CNPJ da minha empresa, o nome que me veio à mente foi "Palavras dos Céus".

A empresa cresceu de maneira exponencial e, seis meses depois, entendi o verdadeiro significado da revelação: "Palavras dos Céus para a Terra". No início, achei que fosse algo relacionado apenas a mim, mas percebi que não. Trata-se das pessoas, porque cada um de nós carrega o DNA de Deus, o DNA do céu.

> Cada pessoa que compartilha seu conhecimento com o mundo está trazendo as Palavras dos Céus para a Terra.

Por muito tempo, não contei essa história, achando que não fazia sentido, que era algo pessoal. Até que um dia, questionei a Deus por que muitas coisas ainda não tinham acontecido. Ele me respondeu com a seguinte poesia:

> *"Pode um homem ser antes de ter?*
>
> *Pode a terra possuir aquilo e não viver?*
>
> *A tempestade esconde a calmaria.*
>
> *O silêncio habita a Sua ira.*
>
> *Verdade ou 'mentira'. O que Deus diz é pura sabedoria.*
>
> *Entender é diferente de crer, para viver é preciso obedecer.*
>
> *Você quer ser, mas nega o Meu querer.*
>
> *Como faço para te honrar se você esconde o Meu poder?"*

Entendi que por mais valioso que seja aquilo que existe dentro de nós, de nada vale se ficar guardado conosco. Cada um possui um pedaço do céu que precisa ser colocado na Terra. Eu não contava a minha história, porque tinha receio de ser julgada, não queria ser vista com nenhum "rótulo". A verdade é que se eu esconder o poder de Deus, eu nunca vou ser vista. Porque o que me dá luz, visibilidade e força é a essência divina. Não importa o que as pessoas pensem, meu combustível vem do céu e não da boca terrena.

Sem consciência, eu pude me calar, mas com sabedoria faço o mundo me escutar.

Que você possa colocar no mundo o poder de Deus que existe dentro de você. O método é a ferramenta, mas a matéria-prima é a sua existência.

Esse é o método e a história de uma professora de matemática que escreve poesias e que "de repente" abriu uma empresa que ajuda pessoas a transformarem vidas e tangibilizar conhecimento em legado.

Espero que este livro tenha sido uma ferramenta para você, e que, por meio dele, você consiga mais do que **transformar o seu conhecimento em dinheiro**, mas consiga também **trazer as suas Palavras dos Céus para a Terra.**

O método é uma ferramenta, um caminho, mas o verdadeiro condutor é você. Construa seu legado.

“Não é sobre quem te inspira, mas sobre o que faz com a semente plantada no seu coração.

Mari Coelho - @falamaismari

Reservo aqui um espaço para você colocar suas percepções e registrar o início de uma nova fase, porque tudo que um dia você sonhou, está prestes a se tornar realidade:

Que voce possa colocar no mundo o poder de Deus que existe dentro de você. A matéria-prima habita no seu ser

“

As pessoas te
admiram no silêncio,
não deixe que isso
cale a sua voz.

Mari Coelho - @falamaismari

Para conhecer mais as soluções que oferecemos entre em contato por:

projetos@maricoelho.com

(11) 94850-2350

(11) 94039-5483

@falamaismari

www.maricoelho.com